公司治理机制下的企业创新行为研究

王潇 著

北京工业大学出版社

图书在版编目（CIP）数据

公司治理机制下的企业创新行为研究 / 王潇著. — 北京：北京工业大学出版社，2025.7 重印
　ISBN 978-7-5639-6230-3

　Ⅰ. ①公… Ⅱ. ①王… Ⅲ. ①企业创新—研究 Ⅳ. ① F273.1

中国版本图书馆 CIP 数据核字（2018）第 125477 号

公司治理机制下的企业创新行为研究

著　　者：	王　潇
责任编辑：	邓梅菡
封面设计：	点墨轩阁
出版发行：	北京工业大学出版社
	（北京市朝阳区平乐园 100 号　邮编：100124）
	010-67391722（传真）　bgdcbs@sina.com
经销单位：	全国各地新华书店
承印单位：	三河市元兴印务有限公司
开　　本：	787 毫米 ×960 毫米　1/16
印　　张：	10.25
字　　数：	210 千字
版　　次：	2021 年 10 月第 1 版
印　　次：	2025 年 7 月第 4 次印刷
标准书号：	ISBN 978-7-5639-6230-3
定　　价：	35.00 元

版权所有　翻印必究

（如发现印装质量问题，请寄本社发行部调换 010-67391106）

前　言

当今世界科学技术发展的速度越来越快,技术等方面的创新在经济中所占的地位越来越重要。在现在的市场经济环境中,企业之间的竞争变得越来越激烈,面对激烈的市场竞争,创新对于企业提高自身竞争力具有重要的意义。企业只有不断提高自身创新能力,实现技术、产品等方面的创新,才能够增强企业对于顾客的吸引力,使企业获得独特的竞争优势,从而增强企业的市场竞争力,使企业在激烈的市场竞争中胜出。随着时代的不断发展,创新不仅仅是给企业带来竞争优势的重要途径,更是企业在现代社会生存和发展所必需的能力。一个企业若是缺乏创新能力,那么它就会被创新的浪潮淹没,逐渐被市场淘汰,最终导致企业的覆灭。

无论是在国内还是在国外,公司治理与企业创新都是企业发展十分重视的内容,相关研究成果也较为丰富。英、美、日、德等资本主义国家,经过一定时期的发展,形成了各自独特的公司治理模式和企业创新政策,借鉴他们的发展经验,对于我国的公司治理与企业创新具有积极的意义。东南亚地区的国家与我国在文化上具有较高的相似性,其所形成的家族制公司治理模式,对于我国公司治理模式的改进和完善也具有一定的借鉴意义。

随着我国市场经济发展的不断成熟,我国的现代化企业制度建设也逐渐发展成熟。在现代化企业制度下,完善公司治理结构,对于企业创新具有积极的作用。只有在完善的内外部治理结构下,企业的创新活动才能取得成功。

公司治理结构由内部治理结构和外部治理结构两部分构成。内部治理结构包括股东、董事会、高级管理者等,外部治理结构则主要包括证券市场、资本市场及银行。在公司治理机制的作用下,公司内外的有关角色能够充分地发挥其作用,从而推动公司的创新发展。

通过对公司治理机制对企业创新的影响进行研究发现,现阶段我国的企业创新还存在一定的问题。本书从科技和管理两方面入手,对我国企业在科技创新和管理创新上存在的问题进行了分析,并为相关问题的解决提出可行性建议。

由于时间仓促,加上作者水平有限,本书难免存在不足之处,望广大读者批评指正。

作　者

2018年4月

目 录

第一章 绪 论 …………………………………………………………… 1
    第一节 选题背景与意义 ………………………………………… 1
    第二节 国内外研究现状 ………………………………………… 3

第二章 公司治理概述 …………………………………………………… 8
    第一节 公司治理的相关概念 …………………………………… 8
    第二节 公司治理的理论与依据 ………………………………… 17
    第三节 公司治理的内涵与特征 ………………………………… 22

第三章 企业创新概述 …………………………………………………… 27
    第一节 企业创新的相关概念 …………………………………… 27
    第二节 企业创新的类型 ………………………………………… 36
    第三节 企业创新的内涵与意义 ………………………………… 51

第四章 国内外公司治理与企业创新现状对比 ………………………… 55
    第一节 国内外公司治理现状 …………………………………… 55
    第二节 国内外公司治理模式对比 ……………………………… 59
    第三节 国内外企业创新现状 …………………………………… 72
    第四节 国内外企业创新对比 …………………………………… 80

第五章 公司治理结构与企业创新 ……………………………………… 87
    第一节 公司治理与企业创新的必要性 ………………………… 87
    第二节 公司治理与企业创新的关系 …………………………… 89
    第三节 公司治理结构对企业创新的影响 ……………………… 92
    第四节 公司治理结构对企业创新影响的实证研究 …………… 95

第六章 内部治理结构与企业创新 ……………………………………… 108
    第一节 内部治理结构概述 ……………………………………… 108

第二节　内部治理角色对企业创新的作用分析……………………117
第七章　外部治理结构与企业创新……………………………………123
　　第一节　外部治理结构概述……………………………………123
　　第二节　外部治理角色对企业创新的作用分析……………………134
第八章　现阶段我国企业创新问题与可行性对策…………………………141
　　第一节　现阶段我国企业创新的主要问题……………………………141
　　第二节　公司治理机制下促进企业创新的可行性建议………………148
参考文献……………………………………………………………154

第一章 绪 论

第一节 选题背景与意义

一、选题背景

随着改革开放的深入发展，我国国内的经济发展保持着良好的势头，但是在当前，资源依赖型和劳动密集型产业在我国经济的发展中仍占有较大的比重。改革开放的深入发展使得我国企业和市场的国际化程度不断提高，对于我国企业来说，其所拥有的地缘优势正在逐步丧失。在当前日趋激烈的市场竞争环境下，那些单纯依靠资源和劳动力进行发展的粗放型产业必然会遭到市场的淘汰。因此，在当前的市场竞争中，只有通过创新才能使企业在市场竞争中获得技术领先，增强企业的核心竞争力，从而使企业在市场竞争中获得一席之地。

世界各国的实践一次又一次地证明了创新对于促进经济发展的重要作用。我国一直都十分重视创新的重要意义。我国在十九大报告中，明确将加快创新型国家建设作为我国的新发展理念。为了促进创新型国家的建设，我国制定了一系列政策促进我国创新事业的发展。

虽然国家对于创新活动十分重视，但是国家在创新中并不是居于主体地位，企业才是创新的主体。企业作为市场的主体，实现长期的利益最大化是企业活动的根本目的，而创新能够满足企业的这一根本目的。企业的创新实践是一个从新技术研发到新技术的商品化的过程。创新的成功将使企业获得在市场竞争中的核心竞争力，使企业成为行业内的领先者。在新技术的研发和商品化成功后，企业只需要付出极少的成本，就能够获得极高的回报。创新对于企业发展的重要作用，也是国家重视创新型国家建设的重要原因。但是，在巨大的收益吸引面前，还应该对企业创新所需要的巨大成本有明确的认识。企业创新具有投入高、周期长、不确定性强等特点，因此企业在开展创新活动时，必须为其支付较大的成本。巨大的成本支出，也使得一些企业对创新的积极性不高，即使开展企业创新，也是在较小的程度和范围上对技术的改进。从企业的长远发展来说，创新是保证企业的生存和发展，使企业在市场竞争中占据一席之地的根本途径。因此在当前，要想实现企业的发展，最根本的问题就是激发企业对于创新活动的积极性。

另外，企业创新不能盲目和无序地进行，因此为了保证企业创新活动的顺利开展，必须通过公司治理为企业创新提供完善的治理结构。公司治理是企业经营运行的前提和基础，决定着公司的战略发展、人力资源、激励约束等要素，影响着公司相关规章制度的建立。对于企业来说，创新是一项具有重大意义的行为，因此，公司治理对于企业创新具有主要的影响作用。在这一背景下，本书以公司治理机制为视角，对企业创新行为进行研究，分析公司治理机制下对企业创新行为影响的内在机理，从而通过公司治理结构的改善，指导企业创新行为。

二、选题意义

本书通过对公司治理机制与企业创新行为内在激励的研究，从而通过以优化企业治理结构的形式，推动企业创新行为的开展，从而使本书的研究兼顾理论意义与现实价值。

（一）理论意义

随着我国企业的不断发展，所有权与经营权逐渐分离，并由此产生了企业经营管理中的代理问题，在这一现状下，以公司治理为视角对企业创新进行研究就显得尤为重要。目前，以公司治理为视角对企业创新的研究多集中在发达国家，而现阶段我国关于这一问题的研究尚处于初级阶段。因此，以公司治理为角度，对公司治理结构及内外部治理机构对企业创新行为的影响关系进行研究，通过公司内外部治理结构的完善促进企业的创新行为，对于公司治理与企业创新之间的关系研究，具有一定的理论意义。

（二）现实价值

企业要想提高核心竞争力，实现企业的生存和长期发展，从根本上必须依靠企业创新。但是，目前我国企业创新的整体水平与发达国家还存在一定的差距，这一差距体现在理念、资金、人力资源等多方面。我国企业创新能力较弱的一个重要原因就是企业缺乏完善的公司治理结构，导致企业创新中各角色的作用难以得到充分发挥，从而限制了企业创新能力的提高。因此，从公司治理角度对企业创新进行研究具有一定的现实价值。

目前，随着经济全球化趋势的不断发展，企业在市场竞争中的国际化程度越来越高，市场竞争的激烈程度日益增强，企业间的竞争表现得也越来越无形化。因此，在激烈的市场竞争中，创新对于企业生存和发展的重要性日益凸显，这也使得企业为了自身的生存和发展对创新的重视程度越来越高。自经济学家熊彼特对创新理论进行系统分析以来，国内外学者越来越重视对创新的研究，无论是理论界、企业界还是政策制定者，一直以来都十分关注对创新的理论研究。

另外，对于企业创新来说，创新能力的提高是一个长期的过程，企业需要不断加强对内外部资源的整合能力，不断学习和吸收与企业创新相关的知识和技术。因此，在企业为提高创新能力进行长期积累的过程中，必须建立完善的公司治理结构，为企业提供保障。因此，为了保障企业创新能力的提高，企业必须站在更广阔的角度上，对公司的治理结构进行完善，不断增强企业的组织能力，提高企业依据环境变化做出反应的能力，不断促进企业创新活动的开展，从而使企业在市场竞争中获得优势，实现企业长期的良性发展。

第二节 国内外研究现状

一、股权与创新的关系

股权结构是公司治理中最基本的内容，股权结构的变化也影响着企业创新行为的决策。霍尔（Hall）通过研究指出，由于企业创新的风险性及其利益的滞后性，使得企业很难通过银行的机构获得企业创新的资金支持，因此，不能通过债务融资来支持企业创新，只能利用前景和收益较好的创新项目，实现企业创新的股权融资。通过霍尔的研究表明，股权是企业创新主要的资金来源，股权结构对于企业创新产生着一定的影响。

在霍尔的研究基础上，斯坦（Stein）（1988）对股权与企业创新的关系进行了进一步的研究，并提出了在保证一定程度的股权集中的情况下，能够通过控股股东解决由于两权分离带来的代理问题。控股股东持有较多的企业股份，因此其对于企业的长期发展也更为关注。保持一定程度的股权集中，既有利于企业获得支持创新的投资，也有利于加强对高级管理者的监督。拉波特（La Porta）也对适当集中股权有利于促进企业创新的观点持肯定的态度。他还指出，在公司治理的发展过程中，股权的分散程度并没有想象中的那样高，许多公司仍然由个别大股东控股，公司治理的矛盾也由股东与高级管理者关于代理问题的矛盾转变为大股东与小股东之间关于利益的矛盾。在拉波特研究的基础上，克拉斯森斯（Claessens）对亚洲各国进行调查研究，研究发现，东亚国家中的企业大部分存在着少数个别股权控股甚至是单一控股的现象。根据数据显示，这一比例超过了70%。

津盖尔（Zingales）等人则对机构投资者持股与创新之间的关系进行研究。研究表明，在排除机构投资者所有权内生性问题后，机构投资者持股比例与企业创新仍然呈正相关。这一研究结果也得到了布希（Bushes）等学者的肯定和支持。同时，布希等学者也通过各自的实证研究得出了机构投资者持股比例与企业R&D投入呈正相关关系的结论。在这些研究结果的基础上，对机构投资者只追求短期利益的观点得到了否定。

在国内学者的研究中，周勤、达庆利、杨勇通过建立计量模型，以江苏省上市公司为样本，对公司治理与企业创新的投资的影响进行实证研究，得出了股权集中度与企业创新成正相关，企业负债率与企业创新呈负相关的结论。这些学者的研究，证明了股权是企业促进企业创新的重要方式。陈学华、夏晖及赵洪江以2007年的上市公司为样本，对股权集中度与企业创新的关系进行实证研究，并进一步得出了加强基金等机构投资者的持股比例有利于企业创新的结论。

此外，张晗和徐二明还以我国股权改革为背景对国有股对企业创新的影响进行了研究，研究的样本为2000～2005年541家上市公司。他们通过研究发现，由于我国目前的经济制度还有待完善，以及在我国公有制社会特征的影响下，国家在一定程度上保留了对关键资源的控制权。因此，在这一现状下，国有或国有控股企业比非国有企业拥有更多的资源和人才，使其在企业创新能力上更具优势。

二、董事会与创新的关系

董事会是股东利益的代表，是仅次于股东大会的权力机构，其主要职责包括参与公司的决策，负责对高级管理者进行监督等。Lorsch（1995）曾为董事会进行定义，在其所做的定义下，董事主要负责的工作有三方面，一是负责公司发展战略的制定并落实与公司发展相关的重大决策；二是对高级管理者的工作行为进行监督，保证其没有出现违反道德和法律的行为，并对其工作业绩进行考核；三是负责高级管理者激励机制的实施，在必要时更换新的管理者。由此可知，董事会能够对企业的创新行为产生重要的影响。特克（Turk）（1991）在前人的研究基础之上，对董事会结构与企业R&D投入的关系进行了实证研究，研究结果显示，董事会对于企业创新的推动主要是通过内部董事实现的，外部董事并没有表现出明显的对企业创新的推动作用。

在国内学者中，杨建君根据董事会的基本概念和特征，提出董事会在企业中承担着连接公司所有者与高级管理者的桥梁作用，负责公司的决策、监督和运行，对于公司的经营发展具有关键的作用，董事会通过其规模和结构对企业创新既有直接影响也有间接影响。董事会对企业创新的直接影响表现在董事会对企业创新战略制定的影响。董事会对企业创新的间接影响则主要表现在对企业创新行为具体实施的影响。玛根福和温军（2008）对董事会结构对企业创新的影响进行了进一步的研究，他们以2005～2007年的343家上市公司为样本进行数据分析，发现董事会对企业创新表现出的影响较为显著，他们还发现董事会中独立董事的增加，能够带来对高级管理者监管效果的加强，在独立董事的监督下，高级管理者更加关注和重视企业的长期发展，并为了促进企业的长期发展开展创新活动。

三、高级管理者与创新的关系

在公司治理机制下，激励机制的建设对于促进高级管理者开展企业创新具有积极的意义。在现代公司治理理论下，公司的高级管理者与股东二者的利益和目标并不是完全一致的，并且双方之间在信息上也存在不对称的状况。股东为了达到自己利益的最大化更注重企业的长期发展，而高级管理者为了追求个人利益而更重视企业的短期利益。对于高级管理者来说，出于对利益的追求，使得其不愿为了企业的长期利益而使自己的职业生涯承担风险，这也导致了高级管理者不愿进行企业创新（Isabel Cantista，2003）。因此，在公司治理结构下，企业创新行为的实现不仅需要高级管理者具备企业创新的知识和技能，同时还需要高级管理者具有企业创新的积极性，对于高级管理者创新积极性的调动，激励机制的建设具有重要的作用。在激励机制下，能够实现高级管理者与企业长期利益保持一致，从而促使高级管理者为了自身的利益而关注企业的长期发展，调动起企业创新的积极性。马卡姆（Markman）等人依据相关理论对高级管理者薪酬与企业创新的关系进行了研究，研究发现，激励越大，高级管理者开展企业创新的积极性越高。此外，Gary Tighe也提出了态度影响高级管理者开展企业创新的观点。他还认为，影响高级管理者对企业创新态度的因素主要包括薪酬、自由度、声誉、与董事会的关系等。

国内学者对高级管理者与企业创新的研究主要以如何调动高级管理者的积极性为主。朱廷桂（2006）的观点认为，在股权激励机制下，通过赋予高级管理者一定的剩余索取权，能够实现高级管理者与企业长期发展之间的利益协调，从而调动起高级管理者开展企业创新的积极性。薛有志、周杰（2008）

则以上市公司为样本对高级管理者持股比例与企业创新的影响进行实证研究，实验结果证明高级管理者持股能够使其更加关注企业的长起发展。有的学者则认为，薪酬收入已经使高级管理者的基本需求得到满足，因此金钱的边际效用不足以抵消高级管理者为企业创新付出的成本。相对于金钱而言，高级管理者对声誉表现出更多的重视，因此，对于高级管理者来说，如果企业创新能够为其带来声誉的提高并且风险较小时，高级管理者便会积极推动企业创新。

此外，还有许多学者反对经营者持股，他们认为一个有效的市场体制或一个完善的公司治理是有能力对经营者进行监督的；随着股权集中度的增加，股东权力也可以大到对管理者行为产生绝对影响，让他们为自身利益最大化服务；并且给予经营者的股权过多会稀释原有股东的股权，使股东可能会放弃这种激励，而选择其他次优方式对经营者激励，从而削弱经营者对创新的积极性。

在对高级管理者持股与企业创新的研究中，也有一些学者对高级管理者持股提出反对意见。他们认为，在有效的市场体制和完善的公司治理结构下，能够实现对高级管理者的有效监督，随着股权集中程度的增加，股东能够拥有足够的权力影响高级管理者的行为，使其为股东的利益服务。而高级管理者持股会导致公司股权结构的分散，而股东则由于股权集中度的下降，只能选择次优的方式实现对高级管理者的激励，降低高级管理者开展企业创新的积极性。

四、公司外部治理与企业创新

对于公司外部治理的研究，主要对资本市场、债券市场、法律市场、产品持长、利益相关者等几方面进行研究。随着控制权市场的发展和完善，市场上出现了越来越多的接管活动，企业在经营和管理过程中，时刻面临着被接管的巨大压力，控制权市场对企业的接管压力使得高级管理者不得不开展持续的创新活动，以保证企业在市场竞争中的位置。相关研究证明，接管压力对企业创新的正面作用。但是，斯坦等（1989）通过建模研究发现，在控制权市场下，投资者与高级管理者之间存在着信息不对称的现象，从而造成了接管压力对企业创新正面影响的失效，加重了高级管理者的短视行为，反而对企业创新造成了消极影响。此外，相关研究发现，接管压力与企业创新之间存在着非线性U形关系，因此，只有将接管压力保持在一定范围内，才能够对企业创新产生积极作用。一方面，在企业面临接管压力下，股东通过对高级管理者施压推动其实施企业创新。另一方面，股东的过度监管压力会导致高级管理者对于企业创新敏感性的降低。关于资本结构对技术创新的影响，较为普遍的结论是随着企业杠杆的增大，对企业创新的抑制越大。但有学者的研究认为，在不确定性的动态环境下，资本结构对技术创新的影响表现不同于处于稳定环境下的两者影响关系。在不稳定的高动态环境下，负债越高越不利于企业的技术创新；而在相对稳定的环境下，企业的负债水平与企业创新之间是积极的影响关系。

相对于国外学者将研究的重点放在控制权市场对技术创新的影响，由于我国市场经济的特殊国情，国内学者则将研究重点放在债券市场约束与企业创新之间的关系上，通过资产负债率指标结合公司治理的其他多方面因素综合考虑其与创新投资的关系。魏峰（2004）以公司治理机制为基础，对国有企业的创新进行研究，得出了资产负债率与领导权配置与国有企业创新之间存在正相关关系。王珍（2004年）对企业创新进行了实证研究。研究所包含的要素包括领导权结构、高层持股比例、股权集中度、资产收益率及资产负债率等。得出了领导权结构的两职合一与较高的资产收益率对企业创新起正向影响，而资产负债率和股权集中度与创新研发投入之间不存在明显的相关关系。

第二章 公司治理概述

公司治理是随着公司制企业的发展而产生的。随着公司制企业的产生和发展，公司制企业在经营和管理中的一些问题也逐渐暴露出来。这些问题的出现，引起了企业和社会的关注，并产生了解决这些问题的需求，因此，公司治理便逐渐产生和发展。公司治理中的角色包括董事会、监事会、经理、管理人员、股东及供应商和客户等利益相关者。

第一节 公司治理的相关概念

一、公司治理产生的背景与原因

（一）公司治理产生的背景

公司治理的问题最先是由亚当·斯密提出的。1776年，在其著作《国富论》中，亚当·斯密首次提出了公司治理问题。公司治理这一名词的正式提出是在20世纪80年代中期，在英国的《公司治理财务报告》中首次正式出现了"公司治理"这一名词。"公司治理"的含义为对公司权利、责任、利益的分配。实际上，对于公司治理所研究的问题，其出现时间远远早于"公司治理"名词的提出，如1720年的英国南海公司出现的泡沫事件。公司治理的发展往往是伴随着公司面临危机或失败后所做出的反应。例如，美国在1929年发生股市危机后，促进了证券法的颁布。

在公司治理失败的案例中，导致公司治理失败的原因主要有违规、欺诈、管理者能力不足等。因此，公司治理的失败的发生又推动着公司治理制度的不断完善。在公司治理的漫长的发展过程中，伴随着实践问题的出现与改进，发展到今天，公司治理已经包括了法律、管理、机构、机制、市场等方面的内容。

1. 公司治理问题的产生

自从公司制企业产生以来，公司治理的问题就随之出现。公司制企业的出现，使得过去公司所有者自己管理公司的模式发生了巨大的改变。在公司制企业下，企业不是一个人所有，而是由股东所有。股东不负责对企业进行直接管理，而是通过聘请高级管理者的形式，将公司的管理权委托给高级管理者，由其负责对公司的实际管理。由于在现实中存在着信息不对称的现象，导致股东不可能实现对高级管理者的完全控制，这样也造成了高级管理者为追求个人利益而使股东的利益遭受损害的风险。关于这一风险，亚当·斯密在《国富论》中也进行了论述。这也是对由于公司所有者与管理者利益不一致而产生的代理问题的首次提出。

在公司治理发展的早期，由于代理问题的表现并不十分突出，因此这一问题并没有引起人们的关注。这主要是由两方面原因引起的：一方面，虽然公司制企业出现，但是个人制和合伙制仍是占据主导地位的企业形式。在这两种形式的公司中，公司的创建者既是公司的所有者，同时也是公司的经营管理者，这样一来就不会产生所有者与管理者利益不一致的问题，因此也就不存在公司治理的问题。另一方面，当时，在股份制形式的企业中，公司所有者仍然通过持有公司大部分股票的形式，将股权集中在自己的手中，使得公司的所有者在公司的管理中拥有较大的权利，使得自己的利益能够得到满足。即使公司治理发展到今天，仍然存在不少公司所有者通过股权实现自己对公司管理的控制的现象。

虽然存在这样的现象，但是所有权的分散仍是现代公司治理发展的主流。随着所有权的分散，所有者逐渐远离企业的管理。这也使得管理者与所有者的利益冲突成为可能。公司治理发展到20世纪20年代，管理者与所有者的利益冲突不仅变成了现实，而且双方之间的利益矛盾也表现得相当突出。随着公司所有权的不断分散和细化，即使持有很小比例的股份，其也能成为公司的所有者之一，在这样的情况下，管理者在公司管理中拥有着较大的权利，甚至还有可能出现管理者控制公司的现象。针对这种现象的出现，一些经济学家，开始关注监督和控制企业管理者的问题。

随着公司治理的进一步发展，公司所有权与经营权分离的程度不断提高，由此带来的高级管理者对公司管理的控制问题也表现得越来越突出。根据相关调查发现，在20世纪60年代，在美、日、德等资本主义发达国家中，普遍存在着高级管理者控制公司的现象。高级管理者控制公司问题的出现，使得管理者为了个人利益而影响股东利益的弊端日益凸显。这一现象的发展也逐渐得到了人们的关注，并逐渐引发了有关公司治理问题的探讨，这一热潮首先出现在美国。20世纪80年代，英国不少著名企业倒闭，以及随之而来的对公司治理的相关准则的出现，使得公司治理逐渐成为一个全球性的问题。

2. 两权分离的长期存在

对于公司治理来说，只有实现了长期的所有权与经营权的两权分离，才能够使公司治理成为可能。

公司所有权的两权分离最早出现于20世纪30年代，两权分离的实现，使得公司治理具有了存在的意义，也使公司治理问题的研究引起了理论界的关注。西方不少学者对两权分离下公司治理的相关问题进行了研究，并取得了丰富的成果。伯利与米恩斯在《现代公司与私有财产》一书中，通过对所有者主导的企业和管理者主导的企业进行区分，进而提出了两权分离的理论。两权分离理论的提出也为之后公司治理的代理理论的提出奠定了基础。两权分离理论的提出，引起了人们对于代理问题中对公司管理效率的消极影响的关注。鲍莫尔（Baumol，1959）、马瑞斯（Marlis，1964）和威廉姆森（Williamson，1963，1967）等学者还分别通过建立模型的形式对管理者主导的企业进行实证研究。美国经济学家钱德勒（Chandler）在其著作《看得见的手——美国企业中的经理革命》中通过对分部门、分行业的案例分析，对现代公司两权分离的发展过程进行了描述。

在伯利与米恩斯提出的两权分离理论中，他们认为公司股权的分散化发展是造成所有权和经营权分离的主要原因。在20世纪30年代的美国，许多大公司的股权极为分散，股东持股的比例极小。在美国的主要公司中，铁路公司前20大股东所占的股份总额仅占2.7%，钢铁公司最大的股东所占公司股票的比例仅为5.1%。股权的分散，使得两权分离的程度不断提高，随着股权的分散，所有者对公司的控制权不断弱化。随着股东权利的不断弱化，高级管理者对公司的管理权则由于股东控制权的弱化而不断得到强化。高级管理者所拥有的管理权，使得他们能够决定公司的重大事项，制定公司未来的发展战略。公司所有者控制权的弱化，使得其难以形成有效的力量对高级管理者进行监督，即使高级管理者出现腐败现象，或是不具备管理公司的真正能力，由于所有者只拥有极少的股权，所以不具备足够的权利对高级管理者造成威胁。

世界公司治理在发展中呈现出两大发展方向，一种是在美、英等国中出现的股权分散化发展趋势，另一种是在日、德等国中出现的以法人相互持股为特点的发展趋势。随着美、英等国公司治理的发展，机构投资者的持股比例不断提高。无论是法人交叉持股，还是机构投资者提高持股比例，是否能够解决股权分散带来的管理者控制公司的问题成为人们关注的焦点。有的学者通过对日本的法人交叉持股进行研究发现，法人的交叉持股往往是同一公司内部的不同法人之间的交叉持股，交叉持股的目的并不是促使管理者对所有者的利益负责，而是为了强化法人之间的联系。机构投资者持股在美、英等国有着较快的发展，并且机构投资者的持股比例不断提高。从理论上来说，机构投资者持股比例的增加，有利于对高级管理者的监管和控制。但是修士·毕雪通过研究发现，在实际中，机构投资者往往更关注于公司的股份流动、投资风险的分散及通过投资获得分红，其缺乏参与公司管理的积极性。

综合来说，无论是法人交叉持股的方式还是机构投资者增加持股比例的方式，都不可能完全解决两权分离所带来的问题。因此，只要两权分离存在，公司就存在着被经营者控制的风险，解决两权分离所带来的问题必须依靠公司治理。

（二）公司治理产生的原因

虽然公司治理的实现问题早就存在，但是直到 20 世纪 80 年代，对公司治理的研究才得到理论界和实践界的关注，这主要是由以下几方面的原因造成的。

1. 高级管理者高薪引起社会的不满

随着公司制企业的发展，企业的高级管理者的薪酬水平不断提高。相关调查表明，早在 1985 年，在美国排名前 300 的企业中，其高级管理者的平均薪酬就达到了 95.2 万美元。随着企业的发展，高级管理者的收入不仅包括年薪，还有奖金、股权激励等。高级管理者的薪酬又得到了较大提高。企业高级管理者过高的薪酬收入引起了社会的不满，甚至有媒体发文指出，高级管理者领取高薪，却缺少相应的考核，只有取得相应的业绩，高级管理者才能获得高水平的收入，而由于缺乏业绩考核，使得许多高级管理者即使没有取得良好的业绩，依然能够获得高水平的薪资收入。这就造成了高级管理者薪酬与其管理公司的业绩无关。

2. 机构投资者对公司治理影响的增强

在公司治理的发展过程中，机构投资者对公司的持股比例不断增加，在机构投资者持股的初期，其对于参与公司治理持消极态度。但机构投资者持股的进一步发展，使其对于公司治理的态度逐渐朝着积极的方向发展。以基金、养老金等为代表的机构投资者持有的公司股份越来越多，随着其持股份额的不断增加，机构投资者对股份的买卖会对市场造成重大的影响。因此，机构投资者只能长期持有公司的股票。对公司股票的长期持有，使得机构投资者为了投资的收益不得不关注企业的发展情况，机构投资者也逐渐通过参与公司治理，以实现自身利益的最大化。机构投资者的大量持股，对于西方国家的公司治理结构带来了深远的影响。

3. 利益相关者在敌意收购中利益受损

20世纪80年代，在美国的公司治理中，出现了兼并收购的热潮，在这一背景下，不少企业的股东被眼前的短期利益所吸引，而选择接受并购。在并购活动下，公司的股东得到了短期利益的满足，但是这一行为却使得公司的其他利益相关者的利益受损，同时也不利于企业的长期发展。企业在不断的发展过程中，逐渐积累起了一定的人力资源，形成了稳定的供销网络，以及一定的债务关系。如果企业股东为了个人的短期利益而接受敌意并购，必然会对企业利益相关者的利益造成损害。因此，为了防止企业的敌意并购现象，美国对公司法进行了一定的修改，要求高级管理者不仅要为股东利益负责，同时也要保证企业利益相关者的利益。从而在法律上赋予了高级管理者拒绝股东提出的接受敌意并购的依据。

4. 企业倒闭的促进

从20世纪80年代的英国企业倒闭危机，到1997年的亚洲金融危机，再到2008年的美国次贷危机，许多的著名公司或由于爆出丑闻，或由于经济危机的影响而最终倒闭。这些著名企业的轰然倒闭为其他的公司管理者提供了深刻的经验教训，促使管理者们积极改善公司治理结构，以保证企业的生存和发展。

5. 投资者的对象选择

投资者的投资对象即各种类型的证券。投资者对于投资对象的选择是根据投资者的收益目标确定的。对于公司来说，其不可能满足所有投资者的利益。因此，对于投资者来说，他们在选择投资对象时，更加关注公司的治理情况，并愿意对治理良好的公司股票进行投资。在投资者看来治理良好的公司是其投资收益的保障。为持有治理良好的公司的股票，投资者愿意为此付出更多的投资。

6. 公司治理模式的新发展

公司治理处在不断发展的状态，相应的公司治理模式也在不断地演化。在公司治理的长期发展过程中形成了英美模式、日德模式、东南亚家族模式等公司治理模式，这三种模式也成为当今公司治理的主要模式。但是随着这些公司治理模式问题的爆发，又推动着新的公司治理模式的产生。1997年的亚洲金融危机，使得人们对东南亚的家族模式进行深入研究，并发现了公司治理中的"内部人"控制现象。由此，又逐渐产生了公司治理的"内部人"控制模式。公司治理的"内部人"控制现象即在两权分离下，由于所有者与管理者利益的不统一，导致的管理者对公司的控制。高级管理者作为公司的内部人掌握了公司的投资、人事、融资等权利，而所有者却缺乏足够的权利对高级管理者进行监督，从而导致企业所有者利益受损。

二、公司治理的定义

总的来说，公司治理可以分为狭义和广义。狭义的公司治理是指公司董事会的职能、结构和股东权利的制度安排，侧重于内部所有权安排、激励机制和内部管理问题，如股东大会的结构、董事会和监事会。广义的公司治理是指关于分配公司控制权和剩余索取权的一系列法律、文化和体制安排。它包括企业内部治理所涉及的公司所有权结构、控制结构、内部治理机构和激励机制。包括外部市场机制、政府机制和社会机制形成的公司外部治理。参与公司治理的各利益相关方，包括与公司相关的股东、债权人、供应商、员工、政府和社区都是一个多层次的概念，随着社会经济的发展和公司的内涵发展而不断变化。

总之，所谓的公司治理是一种基于公司所有者、董事会、高级管理者和公司利益相关者分离公司所有权和控制权的制度安排。利益相关方是可能影响公司目标或受公司目标影响的任何个人或团体，包括所有者（股东）、董事会经理、债权人和债务人、供应商和客户、政府和社会。

三、公司治理的主体与客体

（一）公司治理的主体

在对公司治理的主体进行研究之前，首先需要对公司的归属权进行明确。按照传统法律的规定，股东是公司的出资者，因此其也拥有对公司的所有权，即公司归属于股东。股东对于公司的拥有权得到了世界各国法律的承认和保护。因此，在此基础之上可以说公司的最终目的就是股东利益的最大化。但是传统公司法的制定是建立在市场没有缺陷的假设前提下的。在这一假设下，市场是完全竞争性的市场，能够实现对资源的最优配置。因此，在这样的市场环境下，公司实现股东利益最大化的同时也能够实现整个社会的帕累托最优。但是，在实际情况中，市场机制并不能够达到完满的状态，股票利益作为社会利益中的部分个体利益，不可避免地在与社会整体利益存在矛盾，股东利益的最大化，可能会造成对社会利益的损害。同时，随着现代企业制度和市场的发展，对于公司资本的定义也不再局限于货币，人力资本也成为公司资本的重要组成部分，对公司的经营发展具有不可忽视的作用。

公司存在于一定的社会环境中，因此公司也具有一定的社会属性，公司在经营和发展的过程中，与许多社会个体或组织形成利益关系，他们也成为公司的利益相关者。利益相关者的利益与公司的利益具有紧密的联系。因此公司在经营和管理过程中必须重视对利益相关者利益的保障。目前，公司为了自身的利益，出现了将本应内化的成本转嫁给社会的行为，从而造成了对利益相关者利益的侵害，导致了严重的社会问题，如垄断价格、压迫中小竞争者、污染环境、欺诈消费者、寻租等。在当前的发展潮流下，社会的财富资源越来越集中到公司，因此使得公司在经济上的力量越来越强，对社会影响的效果越来越大，范围越来越广。因此，随着公司力量和社会作用的不断增强，必须对公司社会责任的承担给予高度的关注，强化公司的社会责任意识。公司股东在追求个人利益的同时，必须要求其承担起相应的社会责任，即保障公司利益相关者利益的实现。虽然股东是公司的所有者，但是，公司的经营和管理却不是由股东单独完成的。在公司的经营和管理中，公司内部的高级管理者和员工也参与了公司的经营和管理，而公司外部环境中的利益相关者如债权人、消费者、供应商、政府等通过与公司的利益关系也对公司的经营和发展产生了重要的作用，没有与利益相关者的密切合作，公司就难以实现正常的经营和发展。因此，在公司治理的结构和机制建设过程中，必须既要重视公司内部的股东、高级管理者、员工之间的关系协调与权力制衡，同时也要重视公司与外部利益相关者之间的协调。以银行为例，银行通过为企业提供贷款资金，成为企业的债权人，虽然其不是企业的所有者，但是在银行为企业提供资金后，银行为了保证其资金的安全，产生了参与并监督公司经营管理的需求，同时这也是银行应有的权利，因此在公司治理结构和机制建设过程中，必须通过外部治理结构使银行参与到公司治理中来。

（二）公司治理的客体

公司治理的客体即公司治理的对象和范围。公司治理产生的根本原因在于委托—代理关系下的契约的不完备和信息的不对称，信息的不对称会造成逆向选择和道德风险问题。因此，从本质上来说，公司治理就是作为委托人的股东对作为代理人的高级管理者的行为监督和权力制衡。即在公司经营和管理的实际中，保证高级管理者决策的制定及日常经营管理行为的科学合理。因此，公司治理的客体主要有两个对象，一个对象是高级管理者，另一个对象是董事会。对高级管理者的治理主要通过董事会实现，董事会对高级管理者的治理主要是以公司业绩为标准，对高级管理者的工作行为进行评估，对高级管理者的经营管理是否符合企业利益做出判断。对董事会的治理主要通过股东及公司外部的利益相关者实现,股东和利益相关者根据各自的利益实现情况,对董事会做出的公司战略的合理性做出判断。

四、公司治理的主要内容

(一)参与公司治理的相关组织

参与公司治理的相关组织包括董事会、监事会、经理人、经理人和股东。其他利益相关方也将参与进来,如供应商、员工、债权人、客户和整个社区。

作为公司治理的主体,董事会在结构上是投资者(所有者)与公司内外部的一个整合点,它在公司治理中发挥着关键作用。一方面,其应该对股东和关联方的利益负责;另一方面,应当行使权力,重视公司的发展目标和重大经营活动,并负责股东、高级管理者、监事会的任免和考核。这些职能和行为与董事会的职能密切相关。

监事会是公司治理结构中的专业化和独立化的监督机构。虽然各国的监事会制度各有其特点,但它具有基本相同的特点:监督公司高级管理者,并确保其行为始终是以公司利润最大化为目标。

持有股份公司或有限责任公司股份的人即为公司的股东。作为股东,他们具有获得收益、参与公司重大决策、决定公司的高级管理者等权利。

公司的日常经营和管理由高级管理者负责,有时候高级管理者也是董事会的成员。高级管理者在公司内拥有执行重要决策的最高权力。

(二)公司治理的原则

由于公司治理涉及各国公司的稳定经营和金融体系的稳定,世界银行、世纪经济合作与发展组织(Organization of Economic Cooperation and Development, OECD)等许多国际组织都非常重视这一话题。OECD邀请成员国和国际组织的专家学者在1998年起草《OECD公司治理结构原则》。1999年3月,它邀请东亚许多国家在韩国首尔主办亚洲公司治理会议。根据各方的意见,OECD于1999年底正式公布了《OECD公司治理结构原则》,以供成员和非成员国参考。

《OECD组织公司治理结构原则》是最广为人知和最经常引用的原则。但是,OECD并未对国家法律规定进行详细说明。OECD的目的是为决策者和市场参与者提供对公司治理法律法规进行检测和发展的参考框架,国家公司治理原则仍应反映该国的经济、社会、法律和文化环境。《OECD公司治理结构原则》分为以下五个部分。

1. 保护股东权利

公司治理框架应该保护股东权利。股东的基本权利包括：确保所有权登记和转让的安全性，自由转让，及时和定期获取公司相关信息，参加股东大会和表决，选举董事和分享公司剩余利润。股东应有权参与并充分了解公司重大决策的变化，股东应有机会积极参加股东大会并投票，并应通知程序规则（包括投票顺序）。在股东大会上，股东应该有机会向董事会提问并将其列入议程。此外，还应披露允许特定股东获得其权益比率的投票权的资本结构和工具。最后，应允许公司控制权市场以高效和透明的方式运作。公司的高级管理者不能采取反措施来保护他们免受市场监督。

2. 股东平等

公司治理框架应确保所有股东，包括少数股东和外国股东都能得到公平对待。当任何股东的权利受到侵害时，他们应该有机会获得有效的赔偿和救济。平等对待股东的方式应包括：同等水平的股东应平等对待，拥有相同的投票权。在购买任何等级的股票之前，所有股东都应该能够获得公司所有级别股东的投票权信息。应禁止内幕交易，并应要求董事会和高级管理者披露任何影响公司重大利益的交易或事件。

3. 保障利益相关者的权利

公司治理框架应反映和尊重法律赋予的利益相关者的权利。受法律保护的相关利益的利益受到侵害时，应有权寻求有效救济。还应该加强相关利益相关方的参与机制，鼓励公司及利益相关方积极配合创造财富，维护企业的财务诚信，并为利益相关者的信息获取提供渠道。

4. 信息披露

公司治理框架应确保公司的信息能够及时准确披露，这些信息包括公司的财务和业务状况、公司目标、绩效、股权结构、公司治理和风险管理政策等，这些信息应在高标准的财务会计准则、审计原则和财务报表的原则下进行编制，并进行披露、接受审查。最低限度下年度报告的审查工作应由独立的会计师进行。

5. 董事会职能

公司治理框架应确保董事会有效实施公司战略的指导方针，有效监督管理者的责任及对公司和股东的责任。首先，董事会有义务关注和忠诚。其主要职能包括：①检查和指导公司战略、制定主要行动计划、制定风险管理政策、制定业绩目标、确保公司业绩及监督重大资本支出、收购、兼并和撤资；②对高级管理者进行筛选、监督、奖励，必要时进行替换并对继任者的战略实施进行监督；③审查高级管理者和董事薪酬，并确保正式和透明的董事会提名程序；④监督高级管理者、董事会成员和股东之间潜在的利益冲突，包括关系交易中公司资产的滥用、误用和损害（占用公司资产）；⑤确保公司会计和财务报告系统真实性，包括独立审计和执行适当的控制系统，特别是风险控制管理、财务控制和法律合乎系统；⑥监督公司治理实践的有效性，并在必要时进行修改；⑦对信息的披露和沟通程序进行监督。

其次，董事会应独立于管理层，对公司事务做出客观判断；董事会应有足够的独立执行能力，并能够对财务报告、董事会提名、董事和高级管理人员薪酬及其他主要责任等可能的利益冲突做出独立判断。与此同时，董事会成员应该投入足够的时间来履行职责，并确保及时获得正确的相关的信息。

第二节 公司治理的理论与依据

一、委托代理理论

在20世纪70年代，面对美国经济衰退及高级管理者对公司控制权的严格控制，部分学者开始将目标转向高级管理者，并指责公司的高级管理者是引发经济下滑的主要原因，委托代理理论逐渐出现和发展。詹森（Jensen）和梅克林（Meckling）将业主与管理层之间的利益冲突明确界定为公司的代理问题，指出业主与管理层之间的利益冲突会触发代理成本，而代理机构问题解决或减少代理成本需要以内部激励为代价。代理成本和激励已成为公司治理研究的主题。法马（Fama）和詹森认为，公司制企业繁荣的原因在于它可以促进决策管理与剩余风险承担的分离，从而实现公司经济风险的最优分配。风险分配的好处是以公司内部的激励为代价的。决策管理和剩余风险分担是分开和专业化的。这导致决策者和剩余索取者之间的代理问题。这个问题一直受到研究所有权和控制权分离的企业研究人员的困扰。现代公司治理问题在于，作为剩余风险持有人的股东或"委托人"无法确定公司高级管理者或"代理人"是否根据股东利益行事。由此产生的成本及为防止这种行为而进行的监督和约束成本被称为"代理成本"。代理成本主要包括代理人的招聘成本、代理人的报酬、监督成本、代理人的职业支出和经营损失等。相应的自理成本包括学习管理知识成本、因不专业的操作所导致的损失等。公司治理的主要任务是找到有助于减轻股东和经理之间代理问题的机制。公司治理机制通常由内部公司治理机制和外部治理机制组成：内部治理机制包括补偿合同激励，董事会、大股东治理和公司融资结构；外部治理机制包括法律和政治方法、产品和要素市场竞争及公司控制权市场、声誉市场等。为了最大化股东价值，管理者的行为应尽可能符合股东的利益。

委托代理理论认为，公司治理问题伴随着委托代理问题的出现。由于现代股份公司的股权越来越分散，管理的复杂性和专业化程度越来越高，公司股东的所有者通常不再直接负责公司的运营。相反，他们成为委托人，将公司的经营权委托给高级管理者，在委托下，高级管理者代表股东负责企业的经营管理。在委托关系下，双方利益存在一定的差别，由此产生了代理成本，并最终导致公司经营成本的增加，这被称为委托代理问题。

委托代理问题和代理成本的条件包括：①利益不一致性。利益不一致性即委托人和代理人的利益不一致。利益的不一致会导致代理人为实现个人利益的最大化出现损害公司利益的行为。②信息不对称。信息不对称即委托人难以实现对代理人所拥有信息的全部掌握，因此，委托人需要花费一定的成本对代理人进行监督。委托人对代理人的监督主要通过建立专门的监督机构，或雇佣第三方机构实现。即使付出了一定的监督成本，但是委托人仍然不能够对代理人的工作和行为做出完全正确和客观的评价。③不确定性。不确定性即公司业绩的不确定性。公司存在与复杂的环境中，因此公司的业绩不仅受到管理者能力和行为的影响，外部环境中的许多因素也会对公司业绩造成一定的影响，而且这些因素及其影响是难以预测的。因此，委托人将公司业绩作为对代理人评价和奖惩的唯一标准既不符合世纪，也对代理人欠缺公平。

然而，从委托代理问题和代理成本的情况来看，如果作为委托人的股东能够掌握完整信息并预测未来所有可能发生的事件，那么代理关系的存在并不一定会导致代理问题。在这种情况下，他们可以通过制定一套完整的策略来详细说明代理人的所有责任、权利和义务，并考虑到可能发生的所有情况的所有可能的后果和可能的解决方案。为了彻底消除因委托代理关系而可能出现的一切问题，制定了相应的规定。例如，一个成熟的委托代理协议将包括：在什么情况下管理人员将被替换；在什么情况下公司会出售或购买资产；在什么情况下公司应该招聘或解雇员工等。如果存在这种完整的代理合同，即使存在代理关系，也不存在代理问题，我们很难找到公司治理所能发挥的作用。只有当初始合同不完整并且在最初合同中没有任何条款的情况下将来需要决定时，公司治理才会起作用。事实上，公司治理是做出这种决定的机制。可以想象，如果合同是完整的，合同中的所有内容都是预先定义好的，那么就不会有剩余的事情需要决定了，而公司治理的结构和机制也就不重要了。当委托代理关系和不完全契约共存时，公司治理将发挥作用。公司治理可以被看作是制定初始合同中没有明确规定的决策机制。更确切地说，公司治理是对除人力资本以外的公司资本进行剩余控制的分配。

二、不完全契约理论

自从交易行为出现以来，契约就是不完整的。契约不完整的事实要比其理论出现早得多。不完全契约理论的提出者是 Macneil，他通过相关本文和专著的发表，使不完全契约理论在法律和经济领域收到了广泛的关注，特别是对企业理论家产生了重要的影响。现代企业理论认为，企业是一系列合同（合同）的组合，是个人交易产权的一种方式。然而，说一家公司是"合同"，只能揭示公司和市场的共性，并不能体现公司的特征。在国内学者中，张维迎提出了"就契约本身而言，企业与市场的主要区别主要在于契约的完备性程度不同"的观点。完整的合同是对与交易相关的所有可能的未来状态及每个合同各方的权利和责任的准确描述。由于世界不确定性的存在，市场可以说是一个完整的合同，而企业是一个不完整的合同。由于存在不完整的合同，所有权不能像通常的传统产权理论那样在通常的资产期限内进行界定。由于合同中可预见和可执行的权利对资源配置并不重要，关键应该是合同中未提及的资产使用控制权，即剩余控制权。因此，资产所有者的关键是对剩余资产的所有权的掌控。据此，哈特将所有权定义为有权控制剩余部分或在之后控制决策。哈特认为，当合同不完整时，将剩下的控制权分配给投资决策中相对重要的一方是有效的。格罗斯曼、哈特和摩尔进一步指出，剩余控制权直接来源于物质资产的所有权。因此，剩余控制权自然归人力资本所有。在不完备的合同环境中，实物资本所有权是权力的基础，物质资产的所有权将导致人力资本所有者的控制权。因此，公司由其拥有或控制的非人力资本来定义。

商业合同不过是一个特殊的市场契约。企业就是要素使用权交易的合约履行过程。公司的剩余控制权的行使是通过要素使用权交易合同预先安排的，因此一般而言，后一事项是对前一事项交易合同的履行过程。契约理论是建立在信息不对称的有限理性和假设的前提下。它通过不确定性，资产专用性和机会主义行为等重要概念将企业所有者分为人力资本所有者和非人力资本所有者。介绍和分析两类要素所有者的所有权特征，并讨论公司所有权的最优安排。

不完全契约理论认为，由于人们理性的有限性，信息的不完整性和交易事务的不确定性，不可能厘清一切特权的成本。制定完整的合同是不可能的。

不完整的合同是不可避免的并且将长期存在。

三、交易成本理论

交易成本或交易成本的概念最早由科斯(1937)在他的本文《企业的性质》中提出。但是，科斯没有界定"交易成本"的概念。他只是对它进行了描述性分析。科斯认为，市场价格机制的运作是有代价的，市场交易中存在成本。这些成本包括在发现交易对象、发现相对价格、讨价还价、签订合同和执行合同时发生的费用。通过组建一个组织并允许权威机构即企业家掌握和配置资源，可以节省一些市场运营成本。企业作为市场的替代品，作为不同于市场交易的交易组织或交易方式正是公司的精髓所在。但是，企业无法完全取代市场。内部公司交易也有成本。公司降低交易成本的能力有限。

根据科斯关于交易成本的理念，威廉姆森在其著作《资本主义经济体系》中介绍了三个基本维度，即资产专用性、交易频率和不确定性，这些特征描述了交易（契约）的性质。特别是强调特定资产的属性极大地扩展了科斯的交易成本观念，使其成为"交易成本经济学"的顶点。交易成本经济学的逻辑是将每一笔交易视为不同的合约，并具有不同的属性。此外，合同的不同属性导致需要不同的治理结构或机构安排来最大限度地节约交易成本。研究的逻辑可以用"交易—契约—治理结构"来总结。资产专用度可以分为三类：绝对私人、非专用和混合型。交易频率（即交易频率）可分为一次性合同、偶然性合同和经常性合同，这是从买方的角度进行定义。不确定性主要是指代理人机会主义行为导致的未来情况的不可预测性。一旦交易的维度被确定，交易成本的度量就确定了。

根据交易属性的三个基本维度，并对麦克里尔的理念进行借鉴，威廉姆森将契约分为三类：古典契约、新古典契约和关系契约。他指出，没有资产专用性的契约属于古典契约，古典契约适用市场治理；资产专用性高、交易频繁、不确定性高的契约属于关系契约，适用于企业治理；新古典契约的特性介于二者之间，适用于混合形式治理。根据交易成本最小化的原则，不同性质的交易或契约与三种不同的治理结构相匹配：市场、混合形式或企业。威廉姆森指出，公司治理是分析哪些"利益集团"应该进入董事会。他认为，作为资金供应者的股东面临两方面的风险：首先，他们只提供一般购买力，但这种购买力可能被盗用或吞噬；其次，这些资金可用于支持专项投资。虽然企业其他专业投入产品（如劳务、原材料、中间产品等）的供应商也面临后一种风险，但他们遇到的第一类风险通常仅限于短期贷款风险。从承担风险的角度来看，股东的风险最大，因此他们需要发明一种治理结构，使股东能够将其作为一种抵御侵蚀和防止糟糕管理的手段。因此，董事会作为一种保护股东的手段便应运而生了。从交易成本经济学理论看，作为股东一旦与公司签订合同，其投资将成为公司的独家资本，不能直接从公司收回，并且很容易受到管理者的机会主义行为的影响，承担公司的盈利和损失风险，而其他利益相关者（债权人、雇员、供应商等）可以通过签署受法律保护的合同获得之前约定的回报，因此，董事会存在作为保护股东投资的治理结构，公司的剩余分配应倾向于承担风险最大的股东，不仅保护投资者利益，而且整体经济也表现良好。

创建一个治理结构，使股东能够将其用作抵制侵蚀和防止不良管理的手段，而董事会就是这样一种投资保护形式。在交易成本经济学理论看来，作为股东一旦与公司签订合同，其投资将成为公司的独家资本，不能直接从公司收回，容易受到经理机会主义行为的影响，承担公司的损益风险，其他相关（债权人、雇员、供应商等）可以通过签订受法律保护的合同获得回报。因此，董事会具有保护股东投资的治理结构。公司的剩余分配应倾向于承担风险最大的股东，不仅保护投资者的利益，而且整体经济表现良好。

四、产权理论

根据交易费用经济学，如果两个企业之间存在高度专用性投资，那么通过一体化就可以减少机会主义行为的危害。但是，为什么一个独立的企业主变成另一个企业的雇员之后，他的机会主义行为就会减少，或者说，一个独立的企业主与一个雇员之间究竟有什么本质的差别？此外，交易费用经济学没有具体考察一体化的产权结构，如果两个企业都具有专用性资产，那么一体化后谁是拥有企业的所有者？

根据产权理论，交易成本经济学中存在缺陷的根本原因在于它没有对整合的成本和收益给出清晰的解释，而且难以解释公司的规模。产权理论将资产的剩余控制权定义为企业所有权，强调剩余控制权对并购方的收益和对被合并方的成本，建立企业边界的逻辑严密的数学结构由产权结构决定。该模型提出了企业整合理论。产权理论的研究逻辑可以概括为：特殊投资企业之间的合同不完全，这会影响到各方的具体投资，因此应该设计一定的最优产权结构以保证最大的联合产出。最好的产权结构通常要求将公司的剩余控制权或所有权分配给对投资重要的一方或投资不可或缺的一方。

格罗斯曼和哈特将所有合同权利分为两类："特定权利"和"剩余权利"。

所谓的特定权利是对合同中明确规定的重要资产（对另一方负责）的权利，如利润分成比例和交付时间。所谓的剩余权利是初始合同中未规定的所有重大资产的权利，即"剩余控制权"。拥有剩余控制权的一方可以以不违反先前合同、惯例或法律的方式来决定资产的所有用途。哈特明确地将剩余控制等同于所有权，因为只有资产的所有者应该有剩余控制权。在不完全合同下，剩余控制权或所有权的分配将不可避免地影响当事人对事前投资的激励。因此，为了尽量减少投资激励的扭曲后果，应该让一方购买其余的控制权。可以看出，产权理论使用"剩余控制权"的概念来重新定义所有权，并且主要考察了当具体交易成本导致合同不完全时，如何确保投资的激励措施。由于现实世界的不确定性和合同第三方的无法验证的性质，合同双方不可能签署用尽所有可能条件的合同。一旦合同订立后出现不可预见的情况，双方需要重新谈判，而且合同双方可能会入侵。另一方特定投资利益的"掠夺"行为可能不可避免地导致事前投资的激励和效率损失不足，因为预计专门投资者将在事后"中介"。因此，在合同不完全的情况下，超出合同条款的剩余控制权的分配至关重要。这就要求剩余索取权与剩余控制权相匹配，即资产所有者有剩余控制权，专用性投资激励不足、"敲竹杠"问题都能得到有效解决。

第三节 公司治理的内涵与特征

一、公司治理的内涵

公司治理的目标不仅是要最大限度地实现股东的利益，还要确保公司所有利益相关者的利益最大化。然而，许多国内学者对公司治理的理解只是基于公司内部的公司治理结构。它也将公司治理与公司治理结构等同起来，并确立了公司治理结构的建立及公司治理问题的解决。在这一观点指导下的做法不仅不能解决公司治理问题，而且治理问题将被掩盖，危险性更大。因此，要正确认识公司治理的本质，就必须进一步分析公司治理的内涵。

公司治理就是通过建立公司内部治理结构，形成公司内部治理机制，并实现对公司内部成员之间、公司与利益相关者之间的关系和利益的协调，从而达到促进公司长期发展的目的。通过对公司治理产生和发展进行分析，可以从广义和狭义两方面理解公司治理。从广义上来说，公司治理既包括公司内部股东对高级管理者的制衡，也包括公司与利益相关者之间的制衡。公司与利益相关者之间的制衡主要是公司外部的利益相关者通过正式或非正式的外部机制介入对公司的治理，从而对公司的决策进行影响，实现公司与各方利益相关者之间利益与关系的协调。在广义上来说,公司不仅是属于股东个人的利益,更是多方集合的利益共同体,公司治理机制也是一个内外部治理综合实现的公司治理。而狭义上的公司治理主要指的是公司内部的股东通过相关制度的建设实现对高级管理者的监督与制衡。狭义公司治理的目的是保证高级管理者为股东利益的最大化服务。狭义的公司治理结构包括股东大会、董事会、监事会、高级管理者。通过对公司治理的深入理解可以发现,公司治理主要包括两方面的内涵。

(一)公司治理的核心功能是实现科学决策

通过对公司治理的发展变化进行分析可以发现,公司治理是通过正式或非正式制度的建设,对公司利益相关者进行责权利的制衡,从而实现公司治理对于公平与效率的统一的追求。对于企业来说,其最终的目的是要实现自身的长期发展,因此无论是寻求对利益相关者的制衡,还是追求公平与效率的统一,其目的都是实现企业的稳定发展。企业战略决策的制定,对于企业发展具有重要的影响作用,因此对于公司治理来说,权力的制衡不是目的而是一种提高企业决策科学化程度的方式,其核心在于通过制衡实现对利益相关者决策权的合理配置。

在对公司治理的主体进行研究之前,首先需要对公司的归属权进行明确。按照传统法律的规定,股东是公司的出资者,因此其也拥有对公司的所有权,即公司归属于股东。股东对于公司的拥有权得到了世界各国法律的承认和保护。因此,在此基础之上可以说公司的最终目的就是股东利益的最大化。但是传统公司法的制定是建立在市场没有缺陷的假设前提下的。在这一假设下,市场是完全竞争性的市场,能够实现对资源的最优配置。因此,在这样的市场环境下,公司实现股东利益最大化的同时也能够实现整个社会的帕累托最优。但是,在实际情况中,市场机制并不能够达到完满的状态,股票利益作为社会利益中的部分个体利益,不可避免地在与社会整体利益存在矛盾,股东利益的最大化,可能会造成对社会利益的损害。同时,随着现代企业制度和市场的发展,对于公司资本的定义也不再局限于货币,人力资本也成为公司资本的重要组成部分,对公司的经营发展具有不可忽视的作用。

公司存在于一定的社会环境中,因此公司也具有一定的社会属性,公司在经营和发展的过程中,与许多社会个体或组织形成利益关系,他们也成为公司的利益相关者。利益相关者的利益与公司的利益具有紧密的联系。因此公司在经营和管理过程中必须重视对利益相关者利益的保障。目前,公司为了自身的利益,出现了将本应内化的成本转嫁给社会的行为,从而造成了对利益相关者利益的侵害，导致了严重的社会问题，如垄断价格、压迫中小竞争者、污染环境、欺诈消费者、寻租等。在当前的发展潮流下，社会的财富资源越来越集中到公司，因此使得公司在经济上的力量越来越强，对社会影响的效果越来越大，范围越来越广。因此，随着公司力量和社会作用的不断增强，必须对公司社会责任的承担给予高度的关注，强化公司的社会责任意识。公司股东在追求个人利益的同时，必须要求其承担起相应的社会责任，即保障公司利益相关者利益的实现。虽然股东是公司的所有者，但是，公司的经营和管理则不是由股东单独完成的。在公司的经营和管理中，公司内部的高级管理者和员工也参与了公司的经营和管理，而公司外部环境中的利益相关者如债权人、消费者、供应商、政府等通过与公司的利益关系也对公司的经营和发展产生了重要的作用，没有与利益相关者的密切合作，公司就难以实现正常的经营和发展。因此，在公司治理的结构和机制建设过程中，必须既要重视公司内部的股东、高级管理者、员工之间的关系协调与权力制衡，同时也要重视公司与外部利益相关者之间的协调。以银行为例，银行通过为企业提供贷款资金，成为企业的债权人，虽然其不是企业的所有者，但是在银行为企业提供资金后，银行为了保证其资金的安全，产生了参与并监督公司经营管理的需求，同时这也是银行应有的权利。因此在公司治理结构和机制建设过程中，必须通过外部治理结构使银行参与到公司治理中来。

（二）公司治理是内外部治理机制的组合

内部公司治理主要基于权力的分立和制衡，并维持在治理结构层面。更加关注公司股东大会、董事会、监事会和高级管理者之间的制衡关系，重点关注公司治理结构。从科学决策的角度来看，治理结构并不能解决公司治理的所有问题。基于决策科学的公司治理不仅需要一个完整有效的公司治理结构，还需要一些超越结构的公司治理机制。公司的有效运作和决策科学不仅需要通过股东大会、董事会和监事会的职能发挥内部控制机制，还需要一系列通过外部治理机制如资本市场、产品市场等发挥公司外部治理机制作用，如信息披露、会计准则、社会审计和社会舆论等。在 OECD 制定的《公司治理原则》中，并未强调公司治理结构的概念和内容，而是涉及许多具体的治理机制。该原则主要包括以下五个方面：①股东权利；②股东平等待遇；③利益相关者在公司治理中的作用；④信息公开和透明度；⑤董事会职责。

显然，治理机制是更为广泛、更深层次的公司治理观念。因此，可以认为公司治理是一系列内部和外部治理机制的组合。

二、公司治理的特征

广义而言，公司治理是公司运营的总体标准，包括法律指导方针、社会标准、道德行为的普遍标准及利益相关方之间的关系。公司治理的核心是在实现创造财富所需的效率最大化和确保控制方对利益相关者进行尽职调查之间实现复杂而平衡的模式。

（一）动态性

公司治理的动态发展有两个方面的表现：第一是特定公司在其发展的不同阶段有不同的公司治理机制；第二个是不同时期的公司治理在特点和内容上也是这个时代独一无二的。到目前为止，公司治理的概念经历了四个阶段的发展：20 世纪 70 年代管理集中的阶段，80 年代股东大会的集中阶段，90 年代董事会的集中阶段，以及 21 世纪的利益 / 风险控制阶段。

（二）合约性

公司治理的契约性意味着公司各利益相关者通过签订合同规定了各自的权利、责任和利益。公司治理是一种契约关系，但由于各利益相关者行为的合理性和机会主义特性有限，这些合同不能成为完全契约，而只能是关系契约。所谓关系合同，是指合同当事人对行为的具体内容不要求达成一致，而是在总体目标、总体原则上共享决策权和解决可能的争议。这节省了不断谈判恒定合同的成本。公司治理基于公司法和公司章程。这实质上就是一种关系合同。它简化了公司各利益相关方之间的关系，限制了它们之间的交易，以实现公司交易成本的比较优势。

（三）法治性

为了保护公司各利益相关方的利益，国家往往通过制定相关法律法规来规范公司治理。我国公司治理的相关法律法规有《中华人民共和国公司法》（以下简称《公司法》）、《中华人民共和国证券法》《中国上市公司治理准则》等，需要根据相关法律明确界定公司各利益相关方的权利、责任和利益。公司治理机制是否完善取决于国家有关法律法规是否完善。在现阶段，我国的公司治理应特别关注大股东、董事、监事、高级管理者的法律责任问题，这也是我国公司治理发展的关键问题。

（四）制约性

公司治理强调公司股东、董事会、监事会和经理之间的责任、权利、利益的配置和制衡。在公司治理中,所有者将其资产转移到公司董事会管理。公司董事会是公司的决策机构。高级管理人员由董事会聘用,组建由董事会领导的执行机构,并在董事会的权力范围内经营公司。监事会还监督董事会和高级管理者。公司治理不仅要在内部相互制约,而且还要通过社会审计和相关政府机构等外部社会力量监督公司内部人员。

(五)价值导向性

公司的本质就是创造价值。公司治理的质量不能仅靠有效的制衡是否达成来评判。从事实上可以看出,它促进了企业价值创造活动的有效性。公司治理的价值取向主要是指为保证公司适应市场的合理的公司治理,公司应根据市场变化(如产品市场、资本市场、人才市场等)快速调整公司的经营战略、技术战略、投资战略,保证公司在市场竞争中保持有利地位,并最大化公司价值。

(六)地域性

公司治理的区域性意味着不同的国家或地区具有不同的政治、经济、法律和文化背景,公司治理也会有不同的模式。目前,英美模式、德国模式、日本模式、东亚模式等公司治理模式不尽相同。随着社会的进步,各国经济文化交流日益加强,公司治理也呈现出相似之处。然而,各国经济文化的不平衡发展及各国原有文化基因的不同特点,仍将使某些国家的公司治理保留一定的特征。

第三章 企业创新概述

创新是企业生存和发展所应具备的重要能力，创新对于企业而言具有重要的意义。成功的企业创新能够给企业带来独特的优势，使其在日趋激烈的市场竞争中胜出，通过创新成果的商业化转化与应用，为企业带来丰厚的经济收益回报。但是，在带来高收益回报的同时，企业创新也面临着高风险性，若企业没有完成最终的创新，或企业的创新不符合市场的需求，那么企业不仅不能获得经济收益，还需要遭受创新失败所带来的经济损失。市场形势、消费者需求等因素是不断变化的，这也为企业创新增加了一定的难度。企业创新的类型十分丰富，包括技术创新、管理创新、战略创新、文化创新等。

第一节 企业创新的相关概念

一、创新的相关概念

（一）创新的基本概念

熊彼特在其著作《经济发展理论》中首次提出了"创新理论"。他认为，"创新"是指在生产系统中"建立新的生产功能"，引入以前从未有过的生产要素和生产条件的"新组合"，这些"新组合"的要素包括：新产品、新技术或新的生产方法、新市场、新的原材料或半成品的新的供应来源、新的组织管理方法。

他还强调，创新是一个经济概念，发明是一个技术概念，两者之间有严格的区别。科学技术的发明并不意味着创新。如何将科学技术商业化，如何将科学技术引入企业，形成新的生产能力和竞争力，对创新更为重要。只要发明还没有在实践中得到应用，它就不会在经济上有效。创新要做到的不仅是在技术上在竞争对手之前实现创新，赶在竞争对手之前实现技术创新的商业转化和应用更为重要。

创新有着不同的大小范围，既可以是世界范围内的第一次创新，也可以是国家范围内的第一次创新，又可以是某一行业内的第一次创新，还可以是企业甚至更小环境内的第一次创新。创新可以是对现有产品、技术等的创造性模仿。这种创新的关键在于模仿创新的效果应超越被模仿者，或者至少与其相当。本书所指的创新主要以企业创新为主，它的目的是塑造公司的核心竞争力和可持续的竞争优势，保证企业生存和发展的连续性。

（二）创新的特点

1. 创造性

创造性意味着创新所进行的活动与其他活动相比发生了变化，这种变化带来了质的升华。从创新的角度来看，创新的本质就是创造性。无论是彻底改变，或者程度较小的修改，创新必须包含与之前不同的新的东西才能称之为创新，否则就会失去存在的基础。

2. 系统性

影响创新的因素有很多，无论是创新前工作的开展还是后期实施的效果都会受到各种因素的影响。创新者、投入资源和外部环境等因素都将对创新产生影响作用。此外，创新活动的进行有时会面临很多障碍和压力。因此，要想创新成功，必须把创新作为一个系统，综合考虑各种因素。

3. 高风险性

创新就是变革，是当前形势的否定或升华。创新受很多因素影响，创新效果只有在创新的后期阶段才能够得到检验。创新需要经历较长的周期，因此即使前期进行充分考察和论证，随着环境和条件的变化，也有可能彻底颠覆以前的论点。因此，创新是有风险的。创新活动有可能在中途就遭遇失败，因此，对于其价值也难以进行有效的判断。一旦创新失败，企业付出的成本就难以实现回收，造成企业的损失，企业将面临更多的不确定性。

4. 高收益性

创新之所以具有极大的吸引力是因为创新一旦成功，其成果能够为创新者带来巨大的利益，包括物质利益和精神利益。人们对创新成果的良好期望会促进创新不断向前发展，即使创新会面临一定的困难。对于企业来说，创新可能带来超额收益，这就是高风险的创新所带来的高回报。

5. 适用性

高收益率首先要求创新具有适用性，创新结果不适合实际环境即不能使用，就不能给公司带来相关利益。无论采取什么样的方法，如果创新成果不能应用于现实环境，企业就无法从中受益。

6. 时机性

创新的"新"和相应的盈利能力要求创新必须满足时机性要求。时机性是指创新的提前或延后对创新结果的重大影响。若有人先一步完成创新成果，并申请专利，其也成为市场上的创新者，并能够在市场竞争中占据地位，而其他人的创新成果将不能称为创新，其效益效益也将大大降低。

(三) 创新的基本类型

1. 按过程和效应划分

根据创新过程的速度和深度，创新可分为突破性创新和渐进式创新。突破创新与渐进式创新的主要区别在于创新的彻底性和多样性。一般来说，将创新成果与现有生产方式、生产技术、产品种类、市场类别、管理方式等进行比较，结果的透彻性与差异性越大，突破性越强；否则，它的渐进性更强。因此，突破性创新是指在生产方式、生产技术、产品、市场、管理和系统等方面的根本性创新。渐进式创新只涉及生产方式、生产技术、产品、市场、管理、制度等方面的改进或改进，创新的成果在彻底性和差异性方面还与突破性创新存在一定的差距。

由于突破性创新是对现有技术、管理和系统的突破，其结果往往是过去发生的巨大变化，其影响也是重大而深远的。在许多情况下，突破性创新可以创造一个新的行业。突破性的创新也对现有的竞争规则产生巨大的影响。具有突破性创新成果的企业往往能够改写竞争规则，成为新竞争规则的制定者。此外，突破性创新通常可以显著改善人们的生活水平和生活质量。特别是用于预防重大疾病的药物的发明可以大大提高人类的抵抗力，如青霉素、天花疫苗、结核疫苗等的发明和推动，大大提高了人类抵御这些疾病的能力。从这个角度可以看出，突破性创新的重要性是毋庸置疑的。在人们的印象中，重大突破性创新往往占据较高的位置，所获得的评价也非常高。

但是，在突破性创新和渐进式创新之间，不能认为突破性创新重要而不重视渐进性创新。渐进式创新在人类社会进步中也起着非常重要的作用。因为突破性创新是渐进式创新的结果，当渐进式创新发展到一定程度（数量变化）时，只会出现重大突破性创新（质量变化）。计算机的诞生就是通过众多先进创新的整合形成的突破性创新。没有晶体管和其他技术的发明，就不可能拥有一台电视机，人们通过对原始电视机的不断改进，从而创造出了平板电视、液晶电视、数字电视等新产品。在技术领域，企业的突破性创新是各部门技术创新与合作的结果。当渐进式创新达到一定程度时，任何微小的创新都可能给技术人员带来启发，带来突破性的创新。同样，在企业制度中，不可能完全放弃原有制度，而是用全新的制度取而代之，因为制度的任何变化都会受到"路径依赖"的影响，所以有必要逐步改变系统。企业文化和思维的变化更容易受到"路径依赖"的影响,企业文化形成于企业的长期管理中,具有稳定性和长期性,因此,文化变迁应该是渐进的,不应该进行在短时间内"突破"的变化。

总之,人类社会或企业的突破性创新是无数先进创新积累和融合的结果。渐进式创新是突破性创新的先决条件。因此,在创新之路上,企业不应盲目追求所谓的突破性创新。尤其对于没有较大科研实力的中小企业,应更多地注重渐进式创新的成果的总结、积累、使用和持续改进,不断增强企业的知识积累,进而追求突破性创新。

2. 按创新动力划分

在企业创新中,持续创新的动力主要来自两个方面:一是市场需求,二是技术进步。需求对于企业创新具有重要的影响,这是因为,需求是所有经济活动的源泉,是企业生存和发展的基础。企业生产的产品符合市场的需求,企业才能实现产品的市场销售,并获取利润。从这一点上我们可以得出一个非常重要的结论,即公司的创新需要以市场需求为导向。一个企业是一个营利性组织。在以需求为导向的企业创新过程中,与客户的沟通非常重要。许多创新想法来自与客户的沟通。在与年轻人互动的过程中,索尼的研究人员发现,年轻一代希望录音机可以携带便携式功能。根据这一需求,索尼发明了"随身听"。那时候,这项技术可以被认为是一项重大的技术革新。虽然一些公司在创新时并未遵循市场需求,但他们能够创造新的市场以匹配创新和需求。最典型的是杜邦的尼龙发明。杜邦公司首先发明了尼龙,然后为尼龙设计了多种用途,例如,将尼龙应用于女性丝袜,创造产品市场的过程也是一个创新的过程。

市场需求推动的创新需要了解市场需求。因此,市场需求推动的创新大多是渐进式创新。在这种类型的创新过程中,公司需要时间来了解消费者的需求,并且消费者需求在一段时间内保持稳定,不会有重大变化。在需求变化缓慢的情况下,企业将受需求推动,所实施的创新也是渐进的,主要涉及改进、增加或删除某些功能,或改变外部包装。例如,一家电器制造商原本没有小型洗衣机,经过市场调查后发现社会上有大量的单身人士不需要大量地洗衣服,使用大型洗衣机浪费水电,所以该公司根据市场需求设计出了适合单身人士使用的紧凑型洗衣机。

相对而言,技术进步促进的创新大多是开创性的创新,因为全新的技术可能会改变或增强人们对自然规律的理解,并增强人类改造客观世界的能力。技术创新还可能会带来全新行业的诞生。例如,瓦特发明的蒸汽机改变了人们对蒸汽动力的看法，蒸汽动力技术开始被人类使用。在这项技术的不断应用过程中，人们在许多其他领域，如工厂动力设备、车船等领域，实现了许多创新。

3. 按创新方式划分

根据创新方式的不同，创新可以分为程序性和非程序性创新。程序创新的特点是创新过程有一系列可以遵循的程序，有一个清楚的程序指示先做什么后做什么。创新计划也是在创新之前制订的，整个创新过程遵循既定的路线和程序。在创新过程中，程序创新不容忍偏差，除非失败，否则不会改变原有的路线或程序。未编程的创新没有既定的过程和程序，创新过程更随意。非程序创新可以进一步分为两种：一是被动的非程序创新，是一种意外发生的创新。创新的发生主要来自意外的财政支持或意外的创造力，这种创新具有明显的偶然性特征。另一种是痛苦的非程序性创新。这种创新的主要原因是公司正面临着生存的风险，不创新可能会导致企业的破产。因此，这种创新具有强烈的被动性。它通常是在没有其他选择的情况下开展的。

4. 按创新程度划分

所谓调整程度是指对现有技术、人员、组织、管理和系统的调整程度。根据调整的程度，创新可分为自主创新和系统创新。如果创新成果的应用或商业化需要对上述因素进行更大程度的调整，则这项创新是一种系统性创新。相比之下，自主创新成果的使用或商业化只需要对现有技术、人员、组织、管理和制度进行小规模调整，而对上述因素的依赖性很小。物联网是系统创新的一个例子。使用物联网需要对互联网服务提供商、通信服务提供商、加入物联网的公司和现有信息技术进行重大调整。新发明的城市立体公交车也是系统化创新的典范。在立体化公交车商业化过程中，必须对现有的城市路面、公交车站台、员工、管理方式等进行重大改造，以适应公交的立体化运营需求。

二、企业创新

（一）企业成为最主要的创新主体

只有愿意并能够进行创新活动的个人或组织才能成为创新的主体。这些个人或组织承担创新风险并享受创新带来的好处。当企业面临生存和发展的压力时，就不会有创新。当其他公司继续创新时，仍然保持现状的公司将因竞争对手的创新而落后，最终将被市场淘汰。因此，在所有创新实体中，企业成为主要的创新主体，因为它们具有最大的创新能力，在开展创新活动方面具有很多优势。其中，丰富的资金是公司创新的主要优势。

需要指出的是，公司规模并不是决定企业是否具备创新能力或是否能成为有效创新主体的唯一标准。在创新方面，大公司和小企业都有自己的优势。大公司的优势在于雄厚的技术积累和资金、强大的研发部门和高素质的研发团队。因此，大公司可以进行投入需求较大的创新项目，同时，大公司在抗风险能力方面也更具优势。小企业的创新优势在于灵活性和更直接的创新。小公司创新经验的积累相对较弱。他们对创新活动的外部依赖性很强，需要承担大量的创新风险。但是，小企业对创新历史的依赖很小，创新的路径依赖较小。总而言之，大公司和小企业可能在创新方面取得突出成果。

（二）企业的生存与发展依赖于创新

对企业而言，创新是企业生存和发展的基石，也是现代企业的本质特征。

从理论上来说，企业和市场之间存在着替代关系。当企业交易成本低于市场成本时，企业就会形成。科斯认为这是市场交易内化的结果。在市场交易内部化为公司内部交易后，虽然会有管理成本，但这些管理成本远低于市场交易所产生的成本。换句话说，市场交易的内部化可以节省交易成本。因此，如果公司想继续生存下去，它必须比市场更有效地配置各种元素，从而比市场节省交易成本。维持现状的企业满足市场的需求，最终将被更有效率的公司所取代。

在实际的经营过程中，企业所面临的环境也越来越复杂，变化也越来越大。在不断变化的环境中，如果企业想要提高竞争力并获得竞争优势，他们必须自己获得其他企业所不具备的优势，不断地创新是实现这一目标的重要途径。美国施乐公司的 PARC 研究中心在美国进行了 20 多年的创新研究，最终得出结论认为，只有不断地创新，才能够使企业获得真正的创新精神。具有持续创新能力的公司会不断地完善公司内部结构，并将不断实现对产品、服务、技术、流程和管理的创新。

在企业的生命周期中，创新扮演着具有战略意义的重要角色。创新的重要意义体现在四个"决定"中。首先，创新决定了公司的生存。在市场经济中，公司的生存遵循"适者生存"的法则。在"适者生存"的影响下，企业只有不断创新才能适应市场需求。随着社会的进步，企业只能跟上时代的步伐，只有超越时代的步伐才能在"自然选择"的过程中生存下去。跟上甚至超越时代步伐的一个重要途径就是不断进行变革和创新。其次，创新决定了公司的发展。只有不断创新的公司才能在竞争风暴中前行。再次，创新决定了公司的竞争优势。随着我国市场经济不断向标准化和法制化迈进，激烈的竞争使得只有那些不断创新的公司才能适应瞬息万变的环境，向市场推出新产品，增加产品的知识含量。在这种背景下，世界上许多知名企业都建立了以研发创新为主导的企业战略模式，研发创新投入逐步增加。在我国企业发展过程中，大多数企业都通过不断创新实现生存和发展。最后，创新决定了公司的经济效益。作为一个经济组织，企业的根本目标是获得经济利益，创新是实现这一目标的有效途径。

（三）企业创新的条件与原则

1. 创新的条件

在企业创新的过程中，一定的条件能够对创新起促进作用，其主要包括以下四个方面。

（1）创新精神

整个公司必须有不断创新的精神，尤其是领导者，他们的精神很大程度上影响着整个企业的存在和创新的程度。一个缺乏创新的企业在日益激烈的市场竞争中，不仅不会前进，还会逐渐被其他创新的对手超越，最终失去市场竞争力，遭到淘汰。

（2）创新目标

创新需要有一个目标作为指导。没有目标，创新就难以找到正确的方向。目标设定使企业能够专注于创新的各种资源，并将大大提高创新的成功率。没有目标，企业投资的就只是一种创新的可能性，从而造成创新需求与资源投入不匹配，导致创新难以实施。因此，企业需要设定适当的创新目标，目标过高会导致创新难以实现，目标过低则导致创新缺乏激励。创新目标的制定必须符合公司的实际情况和市场的需求。创新的目标比一般目标更难确定，因为创新具有很多不确定性，有时不可能最终知道创新行动的目标设定是否科学合理。

（3）创新能力

企业拥有创新精神并设定适当的目标是不够的。创新需要有适当的能力顺利实施并朝着胜利的方向前进。公司的创新能力是一项综合能力，涉及多种因素，包括人才素质、可投入资源的数量、领导者的支持及相关技术和设备。创新能力水平对企业创新成功率影响很大，进而影响企业的生存和发展。对于高科技产业公司来说，创新能力是公司的核心竞争力。随着时代的发展，创新的重要性不容忽视，未来的市场竞争将更多的是创新能力的竞争。

（4）创新环境

创新是在一定的环境下进行的，包括公司的内部和外部环境。没有合适的环境，就不会有创新能力的诞生，创新也不会蓬勃发展。外部环境是指公司所处的宏观环境。如果这种环境不承认或忽视创新，它就不能给予相应的支持。企业创新能力的培养将受到一定程度的限制。企业的内部环境，包括组织结构、规章制度、企业文化等共同形成企业的创新氛围，或是主动创新，或是被迫创新。企业需要创造一个适合创新的环境。这一环境应该有这样的特点：调动企业创新的积极性，营造尊重、鼓励、支持创新的氛围。只有这样的环境才能激发创新的积极性。相反，如果领导者不重视创新，公司就会追求稳定，创新将缺乏活力。

2. 创新的原则

创新最终是以结果为导向的。为了提高企业创新的活跃度，使创新获得成功并为公司带来利益，公司需要在创新时遵守以下几个方面的原则。

（1）效益性

企业作为营利性组织，所有活动的最终目的都是获得利益，无论其是有形的还是无形的。对于企业创新来说，其目标也是盈利。因此，不能为企业带来好处的创新是难以存在的。因此，在创新方面企业必须坚持效益的原则。

（2）系统性

企业是一个由许多内部和外部因素相互作用组成的复杂系统。企业的任何子活动都会对整个企业产生影响。因此，企业的创新必须最大限度地发挥系统的优势，而不是相互忽略。如果对创新不进行系统性的考虑，创新就很难得到成功。只有对企业创新进行系统性考虑，通过整合实现各项资源配置的优化，为创新铺平道路，企业创新才能取得最佳的效果。

（3）新颖性

新颖性是企业创新的首要标准。无论是突破性创新还是渐进式创新，都是某些方面的突破。当然，新奇并不意味着创造出前所未有的东西。对现有事物的重新组合或对其某一方面的改进等也属于创新。

（4）实用性

公司的任何行为都是有目的的。这个目的可以归因于利益，包括经济利益、声誉等。作为企业可持续发展的支撑，如果企业创新失去实用性，其将不能满足企业的利益预期。从这个意义上讲，创新不是更新颖更好，创新的实际应用更为重要。对于不同的公司，由于他们面对的内部和外部环境不同，创新的实际标准也会不同，企业应根据自身需要和实际情况制定和实施创新战略。

（5）持续性

创新的"新"只能保持在一定的时间范围内，有些创新很快就会过时。

如果公司很自豪地沉迷于过去的创新，它以前的成功可能成为未来发展的绊脚石。因此，创新需要与时俱进。对于企业来说，有必要保持创新的连续性，在长期创新过程中不断为创新增添新鲜血液。

（四）企业创新的影响因素

1. 内部影响因素

（1）资源投入

不进行投入，就不会有产出。企业创新的实施要求相关公司投入人力、财力和物力资源。首先，企业创新需要有关人员的投入。企业创新很大程度上受人才素质的影响，人员的创新能力直接影响公司创新的成功。因此，在资源投入方面，企业首先应重视人才的培训和投入。

企业创新需要相应的资源支持。如果研发人员无法获得相应的财力、物力和其他资源，企业创新就不能成功进行。创新是一个长期的过程，并且在这一过程中充满风险。因此，对于创新活动必须保持长期的投入才能成功，许多创新活动的失败都是由于投入的中断，导致创新过程无法继续。

（2）机制因素

创新需要激励机制和学习机制等相应组织机制的配合。激励机制被用来支持和鼓励创新。物质激励包括薪酬体系和相应的奖惩，精神激励包括声誉和职位。相关机制的实施能够有效引导员工的价值取向，员工将更多地关注创新，对创新有更大的积极性。创新需要基于某些知识的积累，需要对知识进行持续投入，并要求人们相互交流和学习，以激发创新思维。学习机制受益于公司内部的相互学习和相互交流，它对加速知识的积累起着重要作用。

（3）文化因素

公司的文化氛围将对公司的各项活动发挥影响，企业创新同样受到企业文化的影响。总的来说当企文化较为保守，并表现出一定的强制性，那么企业创新就缺乏生存的空间，企业内的人们更提倡稳定而不是创新。而开放、自由和支持新思想的文化对创新有积极影响。在这种文化氛围中，每个人都尊重创新、支持创新，并为创新活动的开展提供便利条件。对于创新的成功，人们会给予赞赏和奖励，即使创新失败，也能表达对失败的理解，从而激发人们主动创新的热情。同时，这种文化创造了一个平等竞争的氛围，每个人都在努力创新，为企业创新提供了积极的氛围。

2. 外部影响因素

（1）市场竞争环境

市场竞争环境会影响企业的创新。如果创新成为企业间竞争的焦点，企业就会在竞争环境中竞争创新活动，从而不断推动创新。同时，公平公正的竞争环境也有利于企业创新活动的发展。

（2）外部技术条件

一个国家或地区技术状况的好坏也会相应地促进或阻碍创新的开展。拥有先进技术的国家或地区可为企业创新提供良好的环境和基础条件，为企业创新提供便利。相反，如果条件落后，没有先进的技术支撑，企业就无法获得足够的外部支持，创新就无能为力。

（3）政策法律因素

一个地区的政治局势是否稳定对公司的创新有重大影响。如果政治环境不稳定，根据马斯洛的需求层次结构，生活在这种环境中的人们将追求更加稳定的生活，并且创新的愿望将不可避免地下降。此外，国家和地方政策也将对企业创新产生深远影响，如金融政策、市场政策和税收政策。法律对创新的"态度"也影响着企业创新。对于积极保护企业创新成果的法律环境，公司的创新成果可以得到很好的保护，企业可以从创新成果中获得适当的回报。这可以激发企业对创新的热情；相反，如果法律在保护创新成果方面相对较弱，那么公司的创新成果很容易被"克隆"，公司将丧失充当行业领导者的信心和热情。

（4）社会文化因素

文化存在地区差异，因此不同地方文化对待创新的态度也不同。一些地区的文化赞成和鼓励创新，并且容忍不同的意见和观点，而一些地区的文化则更为强调稳定性。因此，一个地区的社会文化环境会对企业创新产生影响。

第二节 企业创新的类型

一、技术创新

（一）技术创新的内涵

所谓的技术创新是一系列活动的组合，包括创意产生、技术研发和技术商业化。其中，在企业创新范围内，技术创新成果的商业化是最重要的，因为没有商业化，无论创新或创新成果多好，都无法为企业做出贡献。商业化使公司能够从技术创新中获得经济利益。有人甚至提出技术创新是技术的商业应用的观点。这种说法不全面，因为没有技术创新和技术研发，技术创新成果的商业化将缺乏进展所必需的基本前提。技术理念将产品和过程与现实联系起来，可以提高效率并改善结果。因此，在技术创新过程中，应该对整个过程进行管理，不应该忽视其中的任何一个要素和环节。

创新理念是创新的前提。创新理念往往很难在市场前景、可行性等方面达到较高的要求。创新者的自身条件和外部环境可能会限制创新理念的提出。创新理念的产生对于创新的实施具有重要的意义。但是，创新理念仅仅是一种想法，其最终的成功还要依靠实践进行。无论多好的创新理论，只有通过实践才能实现其价值。因此，创新的理念产生后，紧接着就要进行创新研发，创新成功后，再进行创新技术的商业转化。创新技术的商业化既可以自己应用，也可以进行有偿转让。在所有创新过程中，商业化是最重要和最关键的。在整个技术创新过程中，反馈也起着重要作用。每个阶段需要反馈到前一阶段，所有子流程需要反馈到最终的消费者需求，以最大限度地降低技术创新的风险。

伴随技术的创新，创新的应用程序应该立足于企业所面临的问题，以市场的实际情况为基础，对创新成果的先进性及其市场前景进行分析。市场前景广阔，技术先进性当然是企业选择和采用创新技术的重要标准。但是，对创新成果的分析不能仅凭这两个因素。当企业引进创新技术或自行创新技术时，他们也应该充分衡量和考虑自身因素。企业自身能力的大小及相应的支持技术能否满足要求都是应该考虑的因素。如果不具备必要的人力、财力、物力资源和配套设施，即使拥有先进的技术，也不会为公司带来预期的效益。在此前提下，企业还必须进行成本效益分析，综合各方面的优劣势，然后决定是否采用技术创新成果。如果公司认为有必要采取技术创新并已签订转让合同，则在技术应用的过程中也应持续收集和整理相关信息。

技术创新一直是企业获取和保持竞争优势的重要手段，特别是在当前知识经济时代，技术的作用更加明显。企业之间的竞争也日益成为以技术创新为核心的创新能力的竞争。因此，企业了解技术创新的相关知识是必要和迫切的。

（二）技术创新的特点

1. 高风险

技术创新过程中存在很多不确定因素，对公司而言充满风险。技术创新是一个复杂的过程，需要一定的时间，结果是不可预测的。如果创新失败，企业的投入也无法得到补偿。

由于市场具有一定的需求，因此，企业需要根据市场需求实现对产品、服务、技术的改进。但是，由于市场需求是动态变化的，而创新则是一个漫长的过程，因此，在企业实施创新的过程中，市场需求可能发生了新的变化，导致创新中的产品、服务失去了市场需求，进而导致企业创新的失败。另外，外部环境的变化也会改变技术要求。例如，当前对于环境保护十分重视，若企业的技术创新不符合环保需求，就会导致其失去市场。

2. 高投入和高收益

技术创新需要大量投入。当需要技术创新时，需要相应的人员、设备和资金来支持其进行，尤其是突破性较大的创新更需要大量资源。对于中小企业来说，过高的创新投入是其难以承担的。因此，企业在进行技术创新时，要综合考虑自身的实力和技术创新的类型，才能保证创新的成功。

技术创新能够带来较高的利益回报。一旦技术创新取得成功并成功实现商业化，其带来的好处将是巨大的。一些企业往往通过掌握一定的技术来创造自己的核心竞争力，拥有巨大的竞争优势，为自己赢得了发展空间，甚至导致了市场的重新划分。因此，技术创新对于企业具有较大的吸引力，技术创新是公司获得竞争优势的重要途径。

3. 商业化

作为营利性组织，企业进行技术创新是为了更好地发展，即获得更多的利益。企业的技术创新只有实现商业化才能为企业带来效益。因此，商业化过程可以说是技术创新成功的突破。商业化的成功，将会使企业获得丰厚的回报，企业为创新投入的人力、财力、物力等巨大成本也将得到补偿。若技术创新难以实现商业化，技术创新就不能为企业带来经济回报，企业为技术创新所付出的成本也将难以回收，为企业带来巨大的损失。

4. 外部性

技术创新的外部性是指企业之外的人和机构可以从创新中获得收益而不需要支付成本，这通常被称为"公共产品"的属性。这是由于技术创新具有非排他性和模仿性，这是技术创新风险高的原因之一。即使将技术创新的成果应用于专利，外部人员也可以进行相应的改进和使用。这相当于在无成本的情况下共享企业的技术创新成果，这种使用和模仿会导致企业竞争优势的下降，有时甚至模仿者可以创造更好的技术或产品。此时，企业的竞争优势将失去威胁性。模仿创新的普遍存在是技术创新外部性的充分反映。

二、管理创新

（一）管理创新的内涵

管理创新意味着管理者需要根据其内部和外部环境的变化改变他们管理的理念、组织、方法和模式，从而创建一个新的更有效的资源整合范例来实现企业综合效率和效益的不断提高。管理创新是管理者基于特定目标和内部与外部现实而进行的有目的的活动。管理创新是一种有明确目的和计划的创新实践活动，偶然性事件不会引起管理创新活动。企业实施管理创新是为了实现高效率、高效益的管理。同时，企业处于一定的环境之中，环境的变化使得企业做出管理创新的调整。因此，管理创新是企业适应和应对环境变化的积极措施。

管理创新是企业创新体系的重要组成部分。管理创新是企业其他创新活动开展的基础。不实现管理创新，其他创新活动就难以达到预期的效果。由于管理创新将在整个企业中发挥作用，因此将会对公司的管理能力、资源整合能力等产生推动作用。这些对企业其他创新的有效实施将产生重大影响。因此，管理创新对于提升企业的整体创新能力具有非常重要的作用。

（二）管理创新的特征

管理创新是管理活动与创新活动的有机结合。因此，它具有管理和创新的双重特征。对于管理创新的深入理解需要对这两方面进行结合。了解管理创新的特点才能对其进行更加深入的了解。管理创新的特点主要体现在以下几方面。

1. 风险性特征

任何类型的企业创新都具有风险性，管理创新也不例外。创新是对未来变化进行预测并做出符合变化的改变，其有效性需要通过实践来验证，因此，创新是有风险的。对于管理创新来说，其创新风险也体现在管理活动的复杂性上。公司的管理活动涉及公司人员、资金、物质资源等各个方面，涉及各个部门及企业的内部和外部方面，涉及范围广泛，且具有较强的牵连性，管理创新活动的一方面出现偏差，可能会导致整个企业遭遇困难。

2. 动态性特征

创新是一个不断变化的过程，它有自己的动态特征。与此同时，管理活动也在与时俱进。这是一个需要随着内部和外部环境变化而不断变化的过程。否则，面对激烈的竞争环境，不可变企业将遭受被淘汰的命运。现代企业是一个与外界不断发展和交流的动态开放系统，企业必须在当前的竞争中获得主动权，并且必须主动进行创新。管理创新的主动开展是企业在市场竞争中争取获得主动权的重要表现。

3. 系统性特征

企业是一个复杂的系统，这一系统中的每个元素都相互影响并相互制约。如果一个元素处理不当，就会产生广泛的影响，影响整个企业的运行。企业的系统性决定了管理创新的系统性。管理创新涉及公司的所有方面和因素，涵盖其生产和运营的整个过程。在管理创新中，管理创新应被视为一项系统工程，注重各方面的合作与协调，以达到"1+1＞2"的效果，而非相互制约，阻碍整体创新效应的实现。

（三）管理创新的意义

管理创新是企业整个创新体系的重要组成部分。同时它对企业的生存和发展起着不可替代的作用。在当今知识经济时代，企业管理创新的意义主要体现在以下几个方面。

1. 知识经济时代下企业生存和发展的必然要求

在知识经济时代，知识与信息的共享、交流和创造越来越受到重视。知识是企业核心竞争力建设的重要资源。因此，企业要实现竞争力的提高，就必须不断追求知识的获取、吸收、整合和应用。在知识经济时代，企业的竞争力也更多地体现在知识的质量和数量上。谁拥有更有价值的知识并更有效地使用它们，谁就会在市场上有更多的发言权。因此，知识经济时代的到来需要企业改变自己的管理方式，管理创新就是企业适应知识经济发展所做出的改变。

2. 企业在市场竞争中保持地位的重要手段

随着时代的发展，企业间竞争日趋激烈，在买方市场环境下尤为突出。经济全球化使竞争舞台发展到全球范围。无论主动还是被动，企业都已置于全球化的市场竞争中，在"优胜劣汰"的生存规律下，缺乏竞争力的企业将被市场淘汰。管理创新是企业改变自身、提高应对市场竞争能力的重要手段。这也是市场环境变化对企业生存所提出的必然要求。

3. 企业获得优势竞争力的重要手段

具有独特的竞争力是每个公司追求利润的保证，是企业立足市场的重要先决条件。因此，每家企业都在努力培养和提高自身的竞争力。企业的竞争力不仅是资源的竞争，其独特的能力也是竞争力的重要组成部分。这些能力在企业管理过程中逐渐形成，包括整合企业内部和外部资源的能力。这些能力是企业管理能力的体现。因此，要提高企业的竞争力，开展管理创新是十分必要的。

4. 满足员工与客户需求的重要手段

随着时代的发展变化，员工和客户的需求和喜好发生了深刻的变化。不对员工和客户的管理做出相应的改变，就难以满足时代发展的要求。随着时代的发展，员工的精神需求不断增加，他们更重视实现自我价值，追求工作的乐趣和自我满足。员工的这些变化要求公司采用灵活的管理方法，而不是使用过时的管理方法。在消费过程中，现代消费者越来越关注企业形象，品牌意识和维权意识不断增强，需求日益多样化和个性化。这些变化也要求企业改变相应的管理方式，从而体现更满足消费者的需求的变化。

（四）管理创新存在的问题

管理创新对企业的生存与发展至关重要，是现代企业的必经之路，也是企业赢得市场竞争的重要途径。因此，加强和改进我国企业的管理创新显得更为必要。目前，我国企业在管理创新方面仍存在以下问题。

1. 缺乏企业文化建设

企业文化是企业的灵魂，它具有引领、凝聚、激励、约束的功能。企业文化从根本上影响经理和员工的思维和工作方法。公司的任何活动都会有企业文化的影响。对于企业的管理创新来说，目前我国很多企业还没有培育出相应的文化来支撑企业的发展，缺少管理创新的文化氛围，管理创新的发展尚未得到组织和员工的支持。例如，一些企业学习和借鉴了其他企业先进的管理方式，但是并不能发挥其应有的作用，这就是缺少企业管理创新的文化造成的。虽然引入了先进的管理方式，但是却不受员工支持，甚至被员工抵制，管理创新也就难以获得生产和发展空间。

2. 企业管理观念陈旧

企业的管理创新要求高级管理者和员工都具有相应的创新意识。只有这样，管理创新才能生存和发展。在我国的许多企业中，领导和员工的创新意识薄弱，缺乏创新精神。这些人较为保守，追求稳定，这将大大限制创新在管理中的作用。即使有人率先进行管理创新，可能是由于没有支持，也无法顺利执行并发挥管理创新应有的作用。员工和管理层抵制创新的想法相对普遍，这主要是由于其对于创新结果的单位和对自己的既得利益的维护，而管理创新带来的变化将会导致收益的不确定性和再分配。

3. 企业管理方法与机构设置陈旧

企业管理缺乏科学有效的方法和健全的组织结构。一些管理者由于自身素质不高，缺乏相应的专业知识，因此在企业管理的过程中主要依靠直觉和经验，从而导致对企业管理创新的阻碍。管理创新的开展和实施需要相应组织结构的支持与配合，并按照先进的方法进行管理创新。在企业管理创新中，管理者的作用是不可替代的。虽然直觉和经验在管理中能够发挥一定的作用，但是管理不仅是艺术也是科学，要实现艺术的管理首先要保证管理是在科学的基础上进行的，而过分依靠直觉和经验会阻碍管理者对先进思想的吸收。

4. 缺乏管理创新的激励约束机制

有效的激励约束机制在实施管理创新中发挥着重要作用。这可以激发和调动员工参与管理创新的积极性，并获得他们的支持。同时，如果缺乏这种激励和约束，约束不利于企业创新行为的发生。约束激励机制的不健全，不仅不能够有效发挥对企业管理创新的激励作用，甚至还会造成对某些不利于企业管理创新行为的支持。这只会导致企业创新不仅缺乏动力而且还会遇到较大的阻力。

管理创新是现代社会发展为企业提出的新要求，是企业获得生存空间和保持竞争力的重要途径。因此，企业必须结合自身实际情况做出相应的管理创新。

三、战略创新

战略是指公司为实现一个或多个组织目标而采取的行动，它决定了公司的长期决策和行动。从根本上说，企业的生存和发展是通过实施有效的企业战略来实现的。企业战略体现了公司与环境之间的关系，企业创新作为"创造性的毁灭过程"，是公司对环境不确定性的有效应对。许多公司的成功经验表明，在没有技术创新的情况下，任何想要在激烈竞争中取胜的公司都必须打破规则，进行战略创新。企业的战略创新是在战略层面实施的创新。

战略对公司意义重大，甚至是决定成败的核心因素。由于该战略具有重要的特征，它指导着公司的发展，这是公司长期高效发展的重要基础，也是员工的行动方案。这是公司生命力的保证，对公司的生存产生重大影响。但是，制定战略只是公司经营发展的第一步。在激烈而不确定的市场竞争环境下，任何战略创造的竞争优势都是暂时的，有时临时的战略成功也可能成为未来发展的绊脚石。只有不断改变基于环境变化的战略，企业才能取得持续的成功。

（一）战略创新的重要性

1. 企业增强竞争力的重要途径

长期的创新的战略可以使企业发现自身的不足和发展潜力，通过持续监测环境变化，整合自身资源，发展与利益相关方的友好合作关系，实现企业高效运营。在整个战略创新过程中，企业通过与环境变化的匹配，找到自己的核心资源，建立自己的核心竞争力，为公司的快速发展创造条件。此外，战略创新还可以为企业创造新的生产组织方式，提高组织运作效率、资源配置和产能利用率，实现创收、增收、节流的效果，提高企业竞争力，为企业带来核心竞争力的提升，使企业能够获取更多利益。

2. 企业发展方向的决定因素

对于企业的经营和发展来说，企业战略的制定影响着企业的发展方向、具体的生产经营行为及在不同阶段应达到的发展效果。但是企业存在于市场环境中，实际的市场环境将为企业战略的实施带来深刻的影响。市场环境是不断变化的，因此企业在制定和实施战略的过程中，必须时刻关注市场环境的变化，根据市场环境的变化，不断实现企业战略的调整和创新，实现对市场环境的适应，保证企业的战略方向符合市场的发展潮流，避免由于环境变化造成企业战略的失误，促进企业的长期发展。

3. 企业在市场竞争中获得优势的重要手段

通过战略创新，企业可以形成新的竞争方式，获得新的竞争优势。战略创新竞争优势的获得能够在一定程度上改变竞争格局，为企业赢得更多的利润空间和市场份额。例如，在某个市场中，企业成功实施战略创新后，竞争对手需要花时间适应成功人士创造的新的竞争环境。即使竞争对手能够对创新进行模仿，但也需要一定的时间，在这一时间段，创新企业可以通过创新赢得市场的主动权。

4. 市场经济体制下企业生存和发展的必然要求

企业不仅是市场经济的重要参与者，更是市场经济体制存在的重要微观基础。企业战略创新是促进传统经济体制向市场经济体制转变的有效途径。公司确定自己的目标、任务和操作规则，以实现市场经济体制的总体要求。同时，企业根据市场经济规律和操作规则进行战略创新，可以确保良好市场秩序的有效运作。

（二）战略创新的特点与原则

1. 战略创新的特点

（1）全局性

企业战略创新需要考虑公司发展的各个方面和各个阶段的因素。它在整体发展中对事物进行规律性研究，并计划公司的发展目标、优先事项和措施，最终形成公司的战略规划，发挥对企业经营管理的指导作用。

（2）前瞻性

战略创新具有前瞻性或可预测性。它对企业内部和外部因素的变化保持高度敏感，尽快分析和把握变化趋势，采取更积极的行动来迎接，以适应和引导变革。漠不关心只会让公司陷入被动局面。战略创新必须"结合历史，立足现在，把握未来"，为公司未来发展制定相关规划。在规划未来的过程中，前瞻性是保证企业战略制定科学性的关键因素。

（3）持续性

战略创新不是一次性行为，其结果也不可能一直保持效果。企业战略创新是一个不断变化和持续的过程。企业需要根据其内部和外部环境的变化不断调整策略，企业各项行动的战略调整应保持持续性。另外，成功的战略创新包含战略行动的许多不同方面，而这些方面无法在短期内完成，因此，其也表现出持续性特点。

战略创新具有一定的风险性，因为战略创新是基于对未来的预测，然后制定相应的策略。预测涉及很多不确定因素，其将受到诸多因素的影响，从而导致战略创新风险。如果环境没有按照预期发生变化，并且策略按照既定的路线进行，那么该公司可能会遭受巨大的损失。

2. *战略创新的原则*

企业在进行战略创新时，需要考虑其科学性、有效性，因此需要遵循一定的原则，下面是几点在创新战略时需要遵循的原则。

公司进行战略创新时，需要考虑其科学性和有效性。因此，企业战略创新需要遵循以下原则。

（1）系统性原则

系统性原则意味着战略创新被视为系统进行考量。有必要全面考虑制度与环境的关系和制度的内在要素。因为在公司进行战略创新时，可能需要将多项战略创新任务相结合，使其成为一个有机整体，实现各项任务之间的协调和支持，从而产生系统效应和制定战略，从而使创新发挥更大的作用。当内部系统之间或系统与环境之间存在相互排斥甚至冲突时，有必要重新审视公司的战略并及时进行相应的调整。

（2）信息原则

由于战略创新包括对未来的预测，因此具有风险性，具有准确和充分的信息可以在一定程度上降低此风险。信息在决策中起着非常重要的作用。任何分析和决策都是基于信息。只有掌握全面准确的信息，才能减少未来的不确定性，确保战略创新的科学性和有效性。完全依靠思考而不考虑现实的战略创新是难以成功的。但是，也不能因此而忽视思考对于战略创新的重要作用。当战略创新的制定陷入困境时，突然的灵感可能会为创新战略的制定带来新的思路和方向。

（3）时效性原则

时效性是体现创新中"新"这一特征的重要因素。任何创新都必须重视对时效性的把握，战略创新也不例外。在当今瞬息万变的社会中，时间就是金钱，利益就是生活。在进行战略创新时，必须有强烈的时间感，而快速或缓慢的步骤有时可以决定成败。随着内部和外部环境的快速变化，战略将变得过时，此时，有必要及时调整现有战略。也就是说，必须不断保持战略的动态，并准备进行战略创新。战略创新和信息原则的及时性在一定程度上相互矛盾。掌握和获取综合信息将在一定程度上损害及时性，因为获取信息需要一些时间，并且可能在有足够信息时丢失创新的最佳时机；相反，坚持及时性会导致缺乏信息。因此，在平衡信息和时效性时，我们必须运用创新的艺术和前瞻性思维引导领导者找到最佳结合点。

（4）独特性原则

公司的战略创新具有独特性和针对性。在充分考虑公司实际情况和外部环境分析的基础上，制定出的战略对于公司而言具有较强的针对性。能够广泛适用的战略是不存在的，每家企业都有自己的历史、现状和对未来的期望。因此，企业在调整战略时，会面临特定的情况，即使面对相同的环境，不同的企业也可能会做出完全相反的战略选择。因此，在进行战略创新时，有必要对问题进行明确，优先考虑问题，掌握公司各个方面的实际情况，以及公司与环境之间的相互作用，从而确定问题的症结所在，有针对性地制定出符合企业自身需求的独特的战略。

（5）两重性原则

企业战略创新的两重性意味着它具有严谨和灵活的指导。一旦制定了公司的战略，就必须严格遵守和实施。否则，战略威望就会丧失，战略将以一种形式出现，并且不会发挥应有的作用。同时，在创新战略和战略实施过程中，信息的不完整性、人的有限理性及环境的不断变化将影响战略的科学性。盲目坚持原有战略只会带来更多的失误，因此，战略创新必须根据实际情况加以改变，即战略要灵活，战略创新是一个持续的过程。总之，公司需要为战略创新的严肃性和灵活性找到一个融合点。

（三）战略创新过程的构成要素

企业战略创新过程包含四个构成要素，即创新动机、创新主体、创新目标与创新行动。

1. 引发创新的动机

战略创新的动机是战略创新活动，与所有经济管理活动一样，必须有促使主体完成的相应动机，即在这个过程中，必须促进或激励战略创新主体创新公司战略。战略创新的动力是创新构成系统的力量来源。其实力直接关系到创新活动的速度和效率。战略创新动机主要来自外部环境的变化，激烈的竞争是推动企业创新的重要因素。公司自身的发展要求也是创新的重要动力。每家公司都有自己的发展前景或计划。企业发展的理想促进公司创新实现自己的目标。领导者的危机感也是企业实施战略创新的重要动力。由于战略创新具有全球性，创新的主要驱动力集中在高层领导。他们对整体环境的理解和把握也高于普通会员。当公司与环境变化不一致时，领导者会感受到强烈的危机感。这种危机感将促使领导者在整个企业中进行战略创新。

2. 创新实施的主体

任何创新都是由主体完成的。因此，创新的动力必须得到主体的认可和支持，才能保证创新活动的有效发展。

熊彼特不仅提出了关于创新的"破坏性行动"的概念，而且明确指出创业者是创新的主体。他的观点赢得了许多学者和企业家的认可。但是，还应该指出，公司的活动是由所有成员完成的。因此，创新活动的主体不应该只包括企业家，还应该包括企业员工。员工对公司的发展有着自己的理解和认识，普通员工中有大量的想法。在企业中，企业家的重要性不言而喻，他们对企业发展有着远见卓识，对环境变化有敏锐的嗅觉，这些都对企业战略创新产生巨大影响。战略创新的推动和制定更多地依靠企业家来完成，而战略的实施更多地依靠普通员工来完成。因此，除了企业家之外，战略创新的主要参与者应该是参与企业活动的领导者和员工，并应成为战略创新的重要参与者。

3. 创新设定的目标

企业战略创新的目标是公司必须根据实际情况和环境实现的长期目标，也就是公司在战略创新活动中要实现的结果。这一结果反映了公司的战略创新活动。在企业的战略创新中，首先需要确定的是其目标。在此基础上，可以有效开展其他活动，如企业各种资源的合理配置、活动的顺序等，只有在目标的基础上，才能更有效地衡量其实际结果是否达到了预期的目标，也就是说，战略目标可以用来衡量战略的结果。

在企业自身实力的影响下，战略目标应成为企业自身能力的一种反应。同时，该战略也反映了该公司对未来的计划。因此，战略目标是公司未来愿景的反映。因此，战略目标应该是可行的，但也有一定的挑战性和激励性。此外，战略目标应该是多元化的，如市场目标、利润目标、社会目标等。在很多情况下，企业设定的目标不是独立的，而是一个包含许多目标的体系。一旦制定了战略目标，它将成为创新行动的指南，而企业的任何行动都必须按照这一行动指南进行。

4. 创新行动的实施

战略创新行动是战略创新主体为实现战略创新目标而采取的一系列活动。实践是实现创新战略的基础。任何创新必须付诸行动才能产生活力。思想中的战略创新知识想法，只有落实到实践上，战略创新才能真正发挥作用，实现价值。只靠空谈而不付出实际行动，只能导致竞争者对企业的超越。

战略创新的行为是由主体进行的，主体也必须在目标的指导下进行一系列活动，战略创新的动机可以提供原动力。需要指出的是，战略创新活动不仅涉及根本性变化，即彻底的对旧有事物的突破性变化，即完全推翻原有战略模式并采用新的企业战略，此外，企业创新活动还包括协调或改善活动，即对企业战略在某些内容上的细小的调整和修改。这些活动对战略创新的重要性不容忽视。在很多情况下，突破性的战略创新并不是必要的，只需要原有战略进行一定的变革就可以实现预期的目的。而且，在战略创新过程中，需要协调各个主体和内容，才能着眼于实现创新目标。同时，在制定了一项创新战略之后，可能会发现原来的计划是不够的。因此，及时纠正和改进战略创新同样重要。

战略创新的各要素之间并不是孤立的，各要素通过相互影响和联系形成一个整体，从而对企业创新战略发挥系统性作用。

在战略创新开始时，首先需要激励或启动因素，包括环境变化、公司自身发展的需要及领导者的危机感。动力的产生会促进创新主体制定创新目标，并实施一系列的创新实践活动。在企业战略创新目标制定前，这一目标可能是模糊的，随着创新的推进，目标将变得越来越清晰。当目标无法实现时，创新行动将对目标产生影响，并鼓励创新主体重新修正目标或更清晰地定义目标，从而改变或推动创新行动，以便它可以达到创新的目标。与此同时，创新行动也将激发对动机的重新修改，从而使实体能够采取进一步的创新行动并最终实现创新目标。

总体来说，企业战略创新过程中的所有因素是相互联系和相互作用的，共同构成了一个战略创新体系。各要素之间的内在联系和作用的发挥都有其自身独特的规律。

四、文化创新

（一）企业文化的内容

企业文化是企业的灵魂和企业发展的核心精神。对于企业来说，如果失去了企业文化，就会导致其失去生机与活力。企业文化虽然是无形的，但是其在企业中却是无时无刻不发挥着作用。企业文化既能促进企业获得成功，也可能由于企业文化出现问题而导致企业经营失败。企业文化是企业最宝贵的财富。

企业文化的重要作用和重要意义已经得到了普遍的认同。优秀的企业文化，无论是对企业内部还是外部，都发挥着不容忽视的作用。对于企业内部发展来说，良好的文化氛围可以起到良好的凝聚力，使内外部企业联合起来成为强大的力量，更好地为企业发展服务。对于企业外部来说，优秀的文化具有良好的宣传功能，可以吸引客户或投资者，为公司发展注入活力和动力，也为公司发展创造良好的外部环境。优秀文化能够把握现代消费者的文化心理，满足他们的精神需求，从而使企业与消费者之间的距离更近。

随着人们物质生活水平的大幅提高，社会已经开始从经济社会向文化社会转变。文化渗透到人们生活的各个方面。各种文化现象层出不穷，人们越来越关注精神等文化需求。丰富和满足人们的精神需求已经成为当今发展的一个话题。这种社会发展趋势必然会影响公司的经营理念。消费者越来越重视企业文化。企业的产品也不再是单纯的产品。文化建设在产品中的作用日益明显。那些习惯于在商场购物的人都有这样的经历。有时面对的虽然不是急需的产品，然而，由于服务员的热情和优雅的购物环境，使得自身产生购买的冲动。无论员工的态度还是装饰风格都是企业文化的象征，可以说这种文化在征服顾客时扮演着重要的角色。单纯依靠技术或质量作为优势，对企业市场竞争的作用越来越小，当前的企业市场竞争越来越重视企业文化的竞争，企业文化成为企业提高市场竞争力的重要因素。如今的客户越来越关注产品使用价值之外的其他事物，包括消费者环境、服务态度、企业社会形象和文化宣传。因此，在某种程度上，顾客对于产品的选择实际上就是对企业文化的选择。例如，顾客们选择海尔的文化在海尔的产品中起到了重要的作用。

通过分析可以发现，文化已经成为企业竞争力的重要组成部分，也就是说文化在企业竞争中起着不可忽视的作用。文化的发展受很多因素的影响，其中最重要的是公司所在的地区文化和公司的历史。因此，每个企业都有自己独特的企业文化，企业在构建自己的文化时应该考虑自身实际，打造具有自身特色的企业文化，征服具有差异化文化特征的消费者。文化本身并无好或不好，只有合适与不合适的区别。适合自己的文化是一种很好的文化。相反，不适合的企业文化不仅不利于企业的发展，甚至可能形成一定的障碍。因此，企业在文化创新的过程中不能完全依靠借鉴和引入，这样往往会造成文化在企业内的不适应，导致企业文化创新的失败。

（二）企业的文化创新

文化对企业的重要性已经得到了普遍的认识，但应该指出，文化具有时代特征，在一定时期内适应的文化不一定适应企业的发展。也就是说，判断企业文化的标准是其是否适应当时的环境。一旦环境发生变化，企业文化就可能变得不再适应需要，如果不及时对企业文化进行调整就会阻碍企业的发展。因此，企业必须根据环境的变化对企业文化进行及时的调整，对原有的、不适应环境变化的文化进行创新，以使其适应新时代的要求，适应企业当前和长远的发展要求。

当今知识经济时代对文化提出了新的要求。文化不仅是企业的组成要素和支撑，而且已经成为企业竞争力不可分割的一部分，已成为当前企业竞争和市场竞争的重要组成部分。文化对于企业竞争力的作用越来越不容忽视。在未来，市场竞争将更多是一种企业文化。因此，企业需要建立自己的文化竞争力。文化竞争力的一个重要表现就是个性。只有"独特"才能具备文化竞争力，才能在文化竞争力方面占有优势。因此，文化创新是必然的选择，这也是公司提高自身竞争力的要求。

同时，在公司的创新体系中，文化创新也占有重要地位，它在公司的所有创新中发挥着重要作用。没有先进的文化基础，其他创新的发展将受到很大限制。因此，在进行创新之前，需要分析目前企业文化对企业发展推动力的大小，至少目前的企业文化不会阻碍企业其他创新活动的实施。

总之，文化发展的本质在于文化创新。文化创新是指公司为适应外部环境变化，结合自身发展需要，更新和重塑文化的动态过程。它为文化自身的发展提供了动力，也符合企业文化和社会实践发展的要求。

开展企业文化创新是时代发展对企业的必然要求，对企业的发展具有重要的作用和意义。

在现代，文化与经济的关系越来越密切，文化对经济发展的影响日益凸显。在当今的市场中，消费者越来越重视购买产品本身，而不是产品中体现的文化。因此，从企业文化出发，文化创新是大势所趋。同时，应该看到，今天的文化变得越来越丰富。如何在文化中找到自己的竞争力是每家公司的挑战。文化创新和独特性是应对这一挑战的有效途径。在知识经济时代，企业间的竞争更多是创新能力的竞争。创新能力的竞争归根到底是企业文化的竞争。因此，文化创新能够适应时代的要求。

在现代，企业之间的竞争已经从硬件转变为软件的竞争。竞争的核心将是20世纪60年代的技术竞争、20世纪70代的管理竞争、20世纪80年代的市场竞争及90年代的品牌竞争转向了21世纪的企业文化竞争。

在当今的世界，如果不实现创新，等待它的只能是被淘汰。因此企业的创新意识、创新精神和相应的机制都对企业在市场中的地位，甚至生存状态有着重要和深刻的影响。因此，企业必须具备支持创新的文化。创新对企业来说非常重要，文化的力量可以渗透到每个员工的最深处，不断支持和鼓励员工持续创新。

企业通过文化创新，营造创新文化的良好氛围，对创新体系中其他创新的成功意义重大。例如，就管理创新而言，其前提是打破以约束管理创新价值为代表的企业文化模式、企业理念等，这就需要实施相应的文化创新。管理创新要求公司做出深刻变革。这需要公司的深层次方面满足企业文化创新所提出的要求。企业管理的理念受到企业文化的深刻影响。可以说，文化创新是管理创新的基础和前提。

（三）企业文化创新的主要内容

将企业文化按照层次来划分，由外到内依次为物质文化、行为文化、制度文化和精神文化四个层次，因此，企业文化创新的内容也包括这四个方面。

1. 物质文化创新

企业的物质文化是由员工和各种物质创造的产品文化。它以物质为形式，是物质层面企业文化的表现，也是企业文化的表面。公司物质文化包括两类：员工创造的产品（包括服务）和公司的内部环境。产品在设计、款式等方面都是物质文化，企业基础设施、生产环境等的代表，也是企业物质文化的体现。物质文化的创新意味着产品和企业的内部环境得到调整和改变以适应发展的要求。同时，物质文化创新最为明显。无论是员工还是消费者都可以从中明显感受到企业文化及其发展变化。

2. 行为文化创新

企业文化中的行为文化是员工在生产、经营、管理、研究、沟通交流和娱乐中所产生的活动文化。一个企业的行为文化可以根据不同的主体分为创业行为文化、模范人物行为文化和一般员工行为文化。

企业行为创新是行为文化创新的先导。企业家在文化创新中的作用是显而易见的，他们的行为是公司最高的指标，不仅是员工行为的指标，也是消费者了解企业文化的重要途径。企业外部环境的迅速变化要求企业家创新，并继续领导企业文化创新等的实现。

模范人物的行为文化创新对企业的行为文化创新具有强大的推动作用。企业中模范人员的行为就是员工渴望模仿的范例。行为文化的创新可以通过行为迅速传达给员工，取得良好的效果。因此，在进行行为文化创新时，企业必须首先获得模范人物的支持和认可。基于这个原因，企业可以通过建立模范人物来促进企业行为文化的创新。

3. 制度文化创新

企业的制度文化是一种文化表达，它规范了公司及其员工的言行，以实现自己的目标。它通过公司的各种规范、法规和组织结构反映出来。企业可以通过相应的制度变迁来创新制度文化。其中，要重视培育企业精神，这是企业文化的精神支柱。同时，要加强宣传推广，为企业文化创新提供文化氛围。

4. 精神文化创新

企业的精神文化是公司在长期经营过程中形成和共享的共同信念、群体意识和价值观。它包括公司的价值观、企业精神、经营理念、企业道德、企业使命和企业愿景。精神文化在企业文化层面起着核心作用，是文化的核心。其中，起主导作用的是价值观。因此，企业精神的创新主要是指价值创新。价值观影响企业行为。企业要抛弃过时的价值观，跟上时代的步伐，让公司的精神文化走在时代前列。

第三节 企业创新的内涵与意义

一、企业创新的特点

"创新"一词最早来源于古拉丁语的"Innovore"一词（本意为更新，创造新的东西或改变），熊彼特在其著作《经济发展理论》中对创新赋予了经济学内涵，即创新是指对生产函数或供给函数的改变，是生产要素和生产条件的有机结合，更是企业家所需的重要才能和促进经济发展的内在动力。但同时熊彼特也指出创新要在发明或试验的基础之上,如果发明或试验没有得到实际验证,则在经济上也没有任何作用,那么创新就不同于发明和试验。此外,他还将创新归纳为技术创新思想、制度创新思想、观念创新思想和组织创新思想四个方面,其具体特点主要包括以下几个方面。

(一)长期性

对于每一家企业来说,要实现创新必须经历一个长期的过程,从发展过程来说就包括决策、配置资源、开发新技术、运用新技术、实现创新的市场应用等。创新的每一个过程都需要不断探索和尝试。可以说,企业创新没有现成的经验能够直接拿来使用。创新过程中的困难和挫折是不可避免的。因此,我们必须找到新的方式来解决困难,这将需要经历一个漫长的过程并且可能要付出高昂的代价,但一旦创新成功,边际成本就会降低,公司从中获得的利润也将不可估量。

(二)滞后性

当企业产生创新的想法或创新的发现时,一旦企业决定要实施这一想法或发现,就必须投入大量的资金进行研发。然而,由于该创新企业冒着其他企业在该领域从未探索过的巨大风险,因此在短期内大量的资本投资无法收回。再加上不确定性及其他因素的影响,即使研发技术已获得专利,企业也更愿意以实物形式拥有专利,这可能会延迟其投资成本。因此,将发展型创新转变为具有商业利益的产品可能存在一定的滞后性。

(三)不确定性

每一个阶段都存在一定的不确定性是创新过程的另一个特点,只有每一个阶段都成功才算创新的最终成功。曼斯菲尔德(Mansfield)等学者曾采用创新的三个不同阶段及其所对应的三种成功的条件概率——创新项目或技术进步成功的概率(x),创新在实践中的推广或是新技术、新产品商业化概率(y),由于创新技术或产品成功商业化所带来利润的预期投资回报率(z),并用这三个概率的乘积 xyz 实现了整个创新过程的成功,只有三项都满足目标才能称创新的成功。而创新本身的不确定性决定了一个企业的创新活动在任一阶段都有可能失败,这将会导致整个创新的失败,所有的投资成本也将不复存在。所以,创新结果的不确定性使很多企业都必须做出更为谨慎的决策。

二、企业创新的意义

在当前日趋激烈的全球竞争中,企业必须在充分利用现有优势谋生存的同时，不断进行一系列创新以谋求发展，以赢得市场竞争中的有利地位。

许多公司在成功后往往存在着被成功的模式所局限的现象，并且害怕或不愿意进行重大创新。但是，外部环境在不断变化，当这种变化达到一定程度时，企业原有的经营模式就无法适应，而且会失败。当成功不能带来新的思维和行为方式时，企业就会停止前进。

在保证稳定增长的同时，我国的国内市场经济发展呈现出新的特点。大多数卖方市场已经转变为买方市场。总供给增长迅速，需求增长似乎不足。经济发展已经从传统的供应约束转向需求约束。供给结构调整的滞后和供需结构的不匹配导致了供求总量的矛盾。中国的出口收入主要依靠劳动密集型产品，而劳动密集型产品难以在国际市场上显示出优势。例如，技术相似、技术简单、设备简单，竞争优势不明显，可以在任何有资源的地方生产。因此，重复建设难以避免市场竞争加剧。低水平发展将导致严重的生产过剩，只有资源主导型企业难以发展。因此，企业创新意义重大。

（一）实现企业市场环境的改善

通过产品创新，企业可以加速新技术和新材料在产品生产中的应用，提高产品质量，使产品功能更好地满足消费者需求，提高企业产品的竞争力，改变用户对企业的看法，并有利于对市场现状的改变。当企业的技术创新是一种适销对路的新产品时，它将为企业带来新用户，形成新的市场，使公司在新市场中有更多的选择机会。同时，通过不断创新，取得成功的企业先于其他企业进入新的市场领域，具有更大的竞争优势。它们在很大程度上可以决定产品价格和市场规模。

（二）实现企业创新能力的提供

通过技术创新，可以改善研制条件，增强研究水平，提高人员素质和企业内部结构素质，并且改善企业行为素质，加强对外部环境变化的适应能力。

（三）实现企业生产的深入发展

通过技术创新，企业可以加速新技术在企业中的应用，改进产品或工程设计，开发和拓展新工艺、新技术，改进和更新服务，减少原材料消耗，缩短生产周期，以更少的时间和劳动力生产更多的产品。

（四）实现企业市场竞争力的提高

企业要发展，就必须提高市场占有率，只有通过产品创新，才能占有市场；只有通过市场营销，才能在市场上赢得消费者，占领市场，成为竞争的优胜者。

（五）实现剩余生产力的充分利用

目前市场上的供应量大于求，许多企业产能过剩，企业资源利用率很低。因此企业必须结合实际情况，探索和了解市场，积极开展市场创新和技术创新，充分利用过剩的生产力，生产用户需要的新产品，提高企业经济效益。

综上所述，企业创新是以企业为主体，以市场为导向的。为了获得经济效益和社会效益，公司的经营目标、生存方式、经营理念、制度创新、经济行为和生产要素等都进行了创新调整。创新是现代企业的基本特征。彼得·德鲁克曾经说过，公司的功能就是创新。从理论上讲，市场与企业之间存在竞争性的替代关系。如果公司要存在，它必须以比市场更有效的方式组织资源。只有通过不断的创新才能实现更高的效率。从现实的角度来看，企业只能提高市场弹性和竞争力，以获得更多的利润和市场份额。因此，创新是企业生存和发展的基石，也是促进社会进步和经济发展的主要动力。

第四章　国内外公司治理与企业创新现状对比

公司治理与企业创新对于企业的生存和发展具有重要的意义。随着市场经济的不断发展，我国企业的公司治理与企业创新有了一定的程度的发展，并呈现出了自身的特色。公司治理与企业创新在国外，尤其是英、美、日、德等发达的资本主义国家中经历了较长时间的发展，其相关机制发展较为成熟，能够为我国公司治理和企业创新的进一步发展提供丰富的经验借鉴。同样，东南亚等国家与我国在文化上具有较高的相似性，其所形成的家族制公司治理模式，对于我国公司治理模式的改进和完善也具有一定的借鉴意义。

第一节　国内外公司治理现状

一、我国公司治理面临的问题

进入 21 世纪，我国资本市场不断发展和完善，公司治理结构经过多次改革，已取得很大的成绩。但同时，也由于我国目前正处于特殊的经济转型期，治理结构上还存在很多问题，主要表现为以下几点。

（一）股权结构单一

由于国情的特殊性，我国上市公司的股权结构相对复杂。根据股东性质，可分为国有股、法人股、转配股和公众股。根据是否上市流通，分为流通股和非流通股。不同的股权分配比例导致了权力和利益的不同分配，进一步影响了企业的创新行为。

我国的股权过于单一的现象产生了诸多不利影响。首先，如果股权过于集中，控股股东的权力过大，中小股东的利益将被侵蚀。大股东侵害中小股东利益是各国证券市场普遍存在的问题。这在中国尤为突出。中国的小股东主要是普通居民，缺乏投资意识和保护能力，往往以投机为目的，投资较为分散，基本不能影响公司的行为，对于大股东挤压自己的利益无能为力。其次，中国的企业产权不明确，不能形成有效的监督机制，使企业的实际控制人往往以追求自身利益最大化为目标，忽视企业的整体收益。最后，这种不合理的股权结构也不利于机构投资者的参与。与个人投资者不同,机构投资者重视公司的长期发展。他们经常投资于具有长期利益的创新项目。公司也可以从机构投资者那里获得大量稳定的资金。但是,在这种垄断式的股权结构下,机构投资者只能处于被动地位,不能对企业行为产生决定性影响。在预期的考量下,机构投资者不愿对公司进行投资,从而在一定程度上妨碍企业创新。

(二)董事会功能弱化

根据现代公司治理理论,董事会是由获得股东信任的人员组成的,并代理股东行使监督公司决策的权利,这是公司治理结构的核心。作为股东权益的捍卫者,董事会不仅对公司的日常行为具有决策权,而且还选择了可以长期最大限度地发挥公司整体利益的创新项目,有权进行监督和管理,并以解决委托代理问题为目标,使管理层和公司的利益保持一致。

但是,我国大部分企业是国有或国有控股企业。公司的实际控制权掌握在这些大股东手中。董事会的权利被大股东大大削弱甚至控制。董事会只是名义上的,相应的职能是无法实现的。在此基础上,难以达成董事会成员之间的协议。再次降低董事会职能,难以做出有利于公司利益的决策,不可能形成有效的监督。

此外,我国独立董事制度的不完善也削弱了董事会的职能。国家要求上市公司设立独立董事。但另一方面规定,董事会或监事会成员持有1%的股权就可以推荐独立董事候选人,独立董事薪酬由股东大会决议确定。可以看出,独立董事很大程度上依赖大股东,无法实现真正的独立性。然而,许多公司都知道这一点,并不需要使用高薪来寻求独立的合理知识。相反,通过雇佣普遍劳动力来合国家法规。因此,在这种制度下,董事会功能弱化,并阻碍了公司的创新。

(三)激励机制不健全

创新具有长期、高投入、高风险的特点,对于高级管理者来说,他们是由董事会任命的管理人员,负责对公司进行日常管理,并向股东承诺一定的回报。由于能够体现管理绩效的指标更多地集中于当前时期,管理人员常常被财务指标所迫,将资金投入到短期低风险项目中,而不管具有较长投资回收期和高风险的创新项目,即使这个项目能给公司带来更大的利润。造成这种现象的原因有以下三个方面。

首先,激励制度体系建设不完善。目前很多公司并没有为管理者和研发人员创造激励或激励措施。如果创新成功,也没有相应的业绩激励;如果创新失败，还可能会产生负面的激励。因此，管理者和研发人员的创新热情潜力难以被激发。

其次，激励制度系统性不足。创新是一个系统工程，单靠研发部门是无法完成的。相反，它需要各个部门的合作和参与，它还应包括公司以外的原材料供应商和合作伙伴，以实现市场导向的定位，并实现企业创新的多部门参与和利益分享。目前，我国大部分企业在创新项目上的权责分工过于详细。企业创新通常只有研发部门负责。这种基于单一部门的创新不仅缺乏创新的信息来源，而且缺乏创新的完整性和低成功率。

最后，激励措施的可持续性不足。总的来说，公司创新激励往往集中在前景的最初规划和创新项目的最终完成上。但是，在创新的中间阶段却缺乏相应的激励机制。创新的长期性决定了创新项目不能在短时间内完成。在整个过程中，高级管理者都承受着各种压力和风险。创新中间阶段激励措施的中断将使创新项目难以持续到最后。

二、国外公司治理面临的问题

（一）公司所有者与高级管理者之间存在利益冲突

自 20 世纪 90 年代以来，管理层滥用权力现象引起社会各界，包括理论界对公司治理问题的关注。特别是进入 21 世纪以来，美国的大规模企业丑闻震惊了世界。这些丑闻的爆发不禁引起了人们对美国公司治理的质疑，对作为商界和行业精英的首席执行官产生怀疑。上述现实告诉人们，即使美国拥有强大的公司控制市场，故意的并购一直威胁到绩效不佳的公司的管理。机构股东行动主义也有很大的市场。但是，这些外部监督机制并没有在公平分散的背景下有效解决"经理革命"的强势管理者和弱势所有者的问题。追求企业规模最大化和在职消费最大化的范围，并通过建设管理者堡壕，才能为自身提高筹码，确保自身的安全。

（二）利益相关者在公司治理中的作用需要进一步发挥

美国公司丑闻也揭示了美国公司治理模式在保护外部中小股东、员工、债权人等利益相关者的利益方面仍需不断完善。当今的公司治理正在发生巨大的变革，薪酬制度、等级制度、垂直组织、"命令控制"管理技术等旧的管理方式和管理思想面临严峻挑战，日益强大的客户群体越来越苛刻，越来越聪明，越来越懂得如何保护自己。在激烈的市场竞争中，"客户至上"的经营理念在公司运作中越来越受欢迎，而通信技术数字革命（如互联网的普及)正在推动全球经济的快速增长,转变公司治理的许多方面(如信息沟通,投票交易,投票等)。情况的变化迫使公司从内部转移到外部的权力,管理层转向自由市场,倾向于在其利益相关者,尤其是客户、债权人、供应商和社区之间重新分配权力,这种权力的转移结果将成为决定公司最终竞争力的核心因素。因此,在企业、股东、竞争对手、供应商、经销商、客户、员工、公众、社区利益相关者之间建立有效的制衡机制和监督机制已成为历史发展的必然要求。

然而,通过追求股东或者公司价值的最大化,公司的经营目标变得更加复杂,并且客户和债权人的利益最大化被纳入公司的经营目标。由于利益相关者之间存在利益冲突,因此公司很难考虑到特派团的各种目标并在实践中运作。例如,管理层持股的激励机制是否会淡化原股东的利益,削弱控股股东的控制权,中小股东的短期股利压力是否会影响公司的可持续发展,以及社区的环境压力会导致公司的盈利能力下降。无论在不同的市场结构下,供应商是否可以干预公司治理,如何解决公司治理后的员工失业问题,都应该用市场模式中的公司治理模式来替代客户与公司之间的关系。敌意收购及公司之间的供应商与客户之间的纠纷等,都是利益相关方共同治理模式中不可回避的问题。

(三)外部治理结构建设需要进一步完善

一个被普遍接受的观点是,在分散股份的英美模式中,提高公司运营效率的驱动力不是来自董事会本身,而是来自许多外部治理机制。公司控制权市场形成的外部治理机制在公司治理实践中发挥着巨大的作用。其中,并购、代理权争夺和接管无疑是重要的治理机制。在20世纪80年代的企业并购浪潮之后,在德国和日本的公司治理模式逐渐显现其优势的背景下,英国和美国家庭对公司控制所主导的外部治理机制的有效性提出质疑。

从实际角度来看,英美模式造成了许多问题,美国股市具有短视特征,其高流动性和高度投机酝酿了短暂的泡沫,削弱了美国公司的竞争力;允许恶意收购实际导致资源配置不当,破坏了雇主与雇员、目标公司和上下游公司之间的合同关系;缺乏对CEO权力的有效监督和控制导致了权力滥用,破坏了弱势群体(如中小股东和客户)和员工的利益;"共享系统"、股票、期权计划等,使经营者的财富在收购中大幅升值,从而导致收购机制失效等。从这个角度来看,公司的控制权市场是否构成了对高级管理人员的无能与懈怠的强力惩戒措施,以及资本市场能否对公司业绩不佳或公司业务盲目多元化形成强大的威慑力量等问题还需要进一步地深入研究。

(四)知识经济时代下公司治理的适应性发展

在知识经济时代,企业之间的竞争主要表现为基于知识的创新能力的竞争。对于知识积累、知识共享等高科技公司(如IT公司)而言,人力资本在公司治理中变得越来越重要。在这些组织中,如何平衡人力资本与实物资本所有者之间的责任、权益与利益,如何防止人力资本所有者侵害物质资本所有者的利益,如何为人们提供知识积累、知识共享、知识创新动机,如何从法律角度调节人力资本在公司治理中的地位和作用等,都是传统公司治理理论无法解决的问题。人力资本所有者完全有可能为了自身利益的考虑而使用自己的特殊职位和技能,并采取可能对该股东有益的行动。由于人力资本具有较高的资产特定部分,因此其所有者可能会借此机会"扯皮"其他利益相关者。例如,他们可能会利用公司依靠自己的技术来追赶公司,以满足他们过度的要求。他们也可能需要投资于拥有自己独特知识的企业,并利用这些来提高自己对公司的重要性,并降低其被替代的可能性。此外,专业人员的流失往往导致公司的商业秘密,甚至是核心技术的外泄。如何定位高层次的人力资本拥有者,如何有效发挥他们的巨大创造力,有效防范他们可能给公司治理带来的负面影响等,是知识经济时代公司治理的一个新课题和挑战。

第二节 国内外公司治理模式对比

一、英美公司治理模式

(一)英美模式的发展历史

作为受工业革命影响较早的两个国家,英国和美国的企业部门占有非常重要的地位。科学技术的发展导致了经济的迅速扩张,把充足的劳动力和资本集中起来形成一个生产性实体尤为重要。在这种情况下,股份公司成为最合适的形式。在股份公司发展的早期阶段,所有权和经营权分离是不可避免的。特别是随着经济的发展,公司经营规模和范围的扩大及专业经理人的出现加速了业主与经营者的分离。公司的所有人追求公司利益的最大化,经营者可能滥用权力损害公司的利益,以满足自身利益的最大化,从而损害公司所有者的利益。业主与经营者之间的这种利益冲突可以说是公司治理形成的内在因素,也是各种公司治理模式的共同原因。在资本主义自由放任的经济体制下,英国和美国形成了高度发达的证券市场。工业革命也推动了实行专业管理与风险多元化相结合的现代股份制。在美国,最大的400家公司中有

99%在证券交易所上市；在英国，100家最大的公司中的大多数也是上市公司。在欧洲国家，上市公司的比例平均只有54%。在主要依靠股权融资快速扩张的企业扩张方式深入拓展的影响下，这些国家逐步形成了股权高度分散、股票流动性高、金融市场发达的企业制度。在此基础上，他们被称为市场导向型公司治理模式。由于普通法国家追求股东主权至上，公司旨在最大化股东利益，其融资主要基于股票融资。借款融资比例较低，因此公司治理一般不考虑利益相关者的作用，从而形成了利益相关者排斥性治理模式的特点。

除经济因素外，英美公司治理模式的形成也与其法律制度、国家观念和历史传统有着密切的关系。例如，发达的美国金融机构不直接控制像德国和日本这样的公司。这与美国限制银行等金融机构扩张公司股权的法律密不可分。1863年的《国家银行法》和《格拉斯-斯蒂格尔法》都规定，银行不得在各州设立分支机构。由此产生的分散式银行体系将无法形成大型银行集团。与此同时，美国的投资组合法规、网络化法规和1933年的《格拉斯-斯蒂格尔法》都禁止银行持有公司股份或禁止银行在全国范围内运营。在确保竞争秩序井然并保持经济活力的同时，国家法律正日益限制企业界和金融界的融合。另外，美国是一个没有通过封建社会的移民国家，由于各种政治和经济迫害而离开祖国的人也对控制政治和经济权力集中的威胁感到厌恶。

（二）英美模式的主要内容

1. 股东大会仅在形式上存在

在公司治理理论方面，股东大会是公司的最高权力机构。但是，英美模式公司的股票高度分散，流动性强，相当一部分股东只有少量股份，治理成本较高，而且由于外部股东信息不对称，难以直接监督公司的管理。因此，不可能将股东大会作为公司的常设机构，也不可能召集股东大会就公司发展的重大问题做出相关决定。公司股东大会早已失去了作为公司最高权力机构的权力，而且仅仅是在形式上。在这种情况下，除听取市场信息外，股东还将其决策权委托给部分大股东或权威人士，并组建董事会。由董事组成的董事会负责公司的日常决策，董事会向股东承诺将保证公司的健康运营，并获得满意的利润。

2. 公司治理以董事会为核心

股权分散度高、控股股东地位丧失，公司内部治理更加强调董事会的角色，形成以董事会为中心，外部董事制度为核心的内部治理机制。其主要特点如下。

首先，董事会内部应设有不同的委员会。总的来说，英美公司的董事会主要设有执行委员会、任免委员会、薪酬委员会和审计委员会。这些委员会一般由董事长直接领导，有些委员会实际上行使董事会的大部分决策职能。因为董事人数太多，如果正常的决策程序难以应对瞬息万变的市场环境，也有可能因为决策者都是董事长和大股东，对于公司事务影响力很大，执行委员会已经成为董事会的常设机构。除了这些委员会具有重要的管理决策职能外，还有一些辅助委员会，如审计委员会、董事会帮助加强对相关法律和公司内部审计的理解，非执行董事董事会关注财务控制和动力转向问题，使财务管理真正起到促进理解财务报告和董事会选择性会计原则的作用机制；薪酬委员会主要确定高级人员薪酬。近年来，美国的一些公司成立了公司治理委员会来解决具体的公司治理问题。

其次，董事分为内部董事和外部董事。为了平衡高级管理者和所有者的权利，防止公司管理者在商业决策中任意行事，保护股东利益，美国建立了外部董事制度。根据法律规定，大公司董事会必须由两名董事组成，其中一些是内部董事。它主要由公司现任或过去的员工及与公司保持重要业务往来的人员组成。他们负责公司主要职能部门的运作和管理，其中一些是外部董事。外部董事应满足以下要求：第一，与公司有密切业务和个人联系的外部人员；第二，公司聘请的具有各种专业知识和技能的外部人员；第三，其他公司的高级管理者。自20世纪70年代以来，这两类董事的比例不断变化。总体趋势是外部董事比例不断增加。然而，英国和美国的大公司普遍存在的一个现象是，公司的首席执行官兼任董事会主席。这种双重身份实际上导致董事会失去独立性。因此，董事会难以履行监督职能。

3. 股权结构分散且流动性较强

依托发达的资本市场，机构投资者和个人成为公司的基本股东，随着公司规模的不断扩大，公司的股权越来越分散。据不完全统计，美国人口约有650万人在1952年直接持有股份，到20世纪80年代初，直到20世纪90年代，直接持有股票的人数增加到3200万。最后，美国超过一半的人口直接或间接持有股份。在英国，持股比例也很高，达到总人口的30%以上。近几十年来，为了适应企业的外部融资需求，英国和美国的非银行金融机构发展迅速，股东性质发生了很大变化。机构投资者已经开始取代以前的个人投资者。成为大股东。为追求远高于债券收益率的股票收益率，养老基金和其他投资机构在20世纪60年代后期开始大量投资股市。英国机构投资者拥有超过60%的股权；在美国的大公司中，机构投资者的份额也超过了50%。虽然投资主体发生了变化，但机构投资者持股仍然是相对分散的证券投资。尽管包括各种养老基金、互助基金、人寿保险、大学基金、慈善机构等在内的机构投资者数量众多，资产投资规模较大，持股总量较大，但有多元化的投资风险。通常采用相关法律和限制通过持有多家公司的股份来投资股票。持有特定公司股份占公司总股份的0.5%~3%。美国投资公司法规定，人寿保险公司和共同基金持有的股票必须分散，不得在公司董事会中代表。法律还规定，保险公司在任何公司持有的股票不得超过公司股票总值的5%，养老基金和互助基金不得超过10%，否则将被征收重税。

此外，无论是个人投资还是机构投资，投资都不稳定，一般不以干预公司经营为目标。由于个人直接投资或机构投资，其最终受益者是注重短期投资收益的个人投资者。机构投资者只作为这些分散的个人投资者的代表进行股票投资，从而影响他们的行为。动机和个人投资者数量之间没有本质区别。持有股份的目的主要是追求短期股票投资权益的最大化，股票多用于短期交易，而不是长期投资。可以看出，机构投资者取代个人投资者并没有改变美国公司股票的高流动性特征，这是由机构股东的单纯投资目的所决定的。无论股东的性质主要是个人投资者还是机构投资者，股票的高分散度和高流动性一直是英美公司所有权结构的基本特征。

4. 融资方式以直接融资为主

与其他治理模式相比，英美公司模式的融资方式主要是直接融资，这意味着公司主要通过发行股票和债券直接从证券市场筹集长期资本，而不是依靠银行贷款。英美股市历史悠久，职业经理人市场、监管市场和证券市场及专业服务中介组织等以股权为主导的外部市场治理机制高度发达。银行不能直接持有公司股票，但只能作为纯粹的存款机构和短期资金提供者为客户提供短期融资需求。法律规定，银行对某一客户的贷款不得超过银行资本的15%，而德国和日本的银行及德国的相关银行贷款分别限制在30%和50%。此外，在绝大多数美国公司中，股东持股比例占公司总数的95%以上，资产负债率远低于德国和日本，一般为35%~40%。

（三）英美市场主导型治理模式评价

1. 英美治理模式的优势

（1）优化资本市场的资源配置

公司股东通过市场机制来监控公司的运营并实现最大的收益，资本具有较强的流动性。这不仅可以优化资源配置，促进优势企业资源流动，实现资本市场优胜劣汰，它还将为投资者提供准确可靠的信息，降低投资风险，保护投资者利益。

（2）促进企业创新

通过证券市场的运作，股东既可以监督和约束管理层面，也可以减少对高级管理者的约束。这有助于鼓励企业家大胆创新，充分发挥其智力和创造力。美国高科技公司的迅速发展和产业结构的升级主要归功于这种创新精神。

（3）提升企业的竞争力

英美模式下公司的股权结构和治理结构有利于依靠并购机制的公司迅速扩大规模，依靠规模经济优势提升竞争力。

2. 英美治理模式的缺陷

（1）所有权结构的高度分散性极有可能引起高级管理者的短期投机

股东短期持股，而公司管理层在股市压力下，为了满足短期投资者的套现和分红收益，高级管理者将采取短期行为获取利润，以满足股东对于及时获得回报和利益最大化的要求。这使得高级管理者在制定公司目标战略和重大决策时只重视短期利益的获取，而忽视了公司的长期发展，在投资时将重点放在短期项目上，导致有利于企业长期发展的基础性项目投资不足。

（2）公司内部监督机制薄弱，对公司经营管理水平的制约因素不足，存在"内部人控制"问题

公司在英美模式治理下的股权是高度分散化的，这使得很难理解公司的内部信息和监督管理者。"搭便车"的现象导致少数业务经理对公司的控制，从而损害公司和股东的利益。在缺乏强有力的制度约束和监督的情况下，公司高级管理者倾向于滥用公司管理权力，甚至做出欺骗投资者的行为，对公司和股东利益造成巨大损害，并导致企业破产。

（3）公司股权的高流动性使得英美公司资本结构的稳定性变差

由于股东追求投资回报最大化的目标，一旦企业发生波动，股票将不断被交易。这不仅阻碍了公司长期稳定发展，而且也容易引起公司合并动荡。公司的正常运营需要稳定的资本结构作为基础。恶意收购带来的动荡不利于业主与运营商之间长期的信任与合作关系。

（4）公司并购影响管理者的积极性

公司并购曾被视为监督高级管理者的有效方式，一些公司在被并购后确实改善了他们的业绩。但也存在着相反的情况，特别是在20世纪80年代中后期，企业收购逐渐成为掠夺财产的趋势。收购者通过对公司进行拆解和重组，然后对其进行再度打包出售以获取利益。公司经营的不稳定，使得高级管理者将公司并购视为对企业决策的破坏行为。

二、德日公司治理模式

（一）德日公司治理模式的发展历史

与英美等发达国家相比，德国和日本形成了以内部控制为主导的治理模式。其中，德国公司主要由银行部门的员工持有，强烈依赖外部资本；日本公司主要由债权相机控制，"合法交叉持股"是其主要特征。德国和日本都属于后起资本主义国家，其生存和发展面临着巨大的压力。特别是第二次世界大战后，德国和日本作为战败国，能够迅速恢复经济发展水平，共同主义下实现的政治和经济集中发挥了巨大的积极作用。

与其他老牌资本主义国家相比，德国和日本是比较发达的先进资本主义国家。工业革命和第二次世界大战后，为了恢复国民经济，实现世界经济强国战略，德国和日本实施了加速发展的政策。在俾斯麦时期，德国积极发展以法兰西银行等大型银行为代表的风险投资公司角色的银行体系，为政府建立现代工业提供了目标，并为企业提供了融资。第二次世界大战后，在缺乏超级富豪和发达的资本市场及需要大量资金进行经济重建的情况下，该行作为政府建立现代工业目标服务和为企业提供融资服务的工具。当公司需要资金偿还贷款时，德国银行通过债转股实现了所有类型公司的血液交换。日本在其控制金融机构的战后政策中最突出的一点是大力支持间接银行业务。第二次世界大战后，随着美国占领军最高指挥官强行解散财阀并出售财阀股份并实施《格拉斯-斯蒂格尔法》，股票迅速从个人转移到企业及与其存在密切关系的银行等金融机构手中。此外，为防止经合组织加入和保护国内公司不被合并，日本政府强烈鼓励企业之间的相互持股，企业集团的出现有效地阻止了外国公司入侵日本公司。两国政府在法律政策方面也倾向于非金融机构。例如，一家德国的全能银行可以在非金融机构持有无限的股份。日本规定商业银行最多可以持有5%的公司股份，而保险公司可以保持尽可能高的10%的公司股份，投资基金在这方面不受限制。德国法律规定，只要银行控股公司的股票不超过银行资本的25%，就不受法律约束，银行可以提供范围广泛的商业银行和投资银行业务，并且可以持有非金融公司股票而不受限制。日本规定银行可以持有任何公司的股份。相应的，德国和日本对直接融资采取歧视性法律监管：除了仅对少数国有企业和电子行业开放外，证券市场还严格控制公司在境内发行股票和长期债券。直到20世纪80年代后期才允许发行商业票据、国内债券、外汇债券、欧洲债券。

德日模式的形成与两国的政治结构、文化特征和历史背景也有很大关系。

日本和德国传统上将国家集中在长期的历史发展中,并在历史发展过程中逐渐形成倡导"共同主义"与"集体意识"的独特文化价值。在德国和日本的历史上,长期存在着集权。人们很容易对权力的集中表现出认同。在文化教育和价值观方面,他们加强了共同性,有较强的群体意识,重视追求长远利益和集体利益。有些人不反对集中权力,相反,他们认为集中式股权结构更有利于公司的发展。

(二) 德日公司治理模式的主要内容

1. 股权结构相对集中在法人手中

与公司主要依靠向许多个人投资者发行股票筹集资金的英美模式不同,该公司的资本主要由诸如德国和日本等国家的银行和保险公司等金融机构筹集。形成了由相对集中的企业股东主导的所有制结构。Franks 和 Mayer 在 1990 年对德国公司进行的一项研究显示,在德国前 200 家公司中,近 90% 的公司至少拥有一个股东权益超过 25%。近 85% 的公司至少有一位拥有超过 50% 股权的大股东,约 22% 的公司至少有一位拥有超过 75% 权益的大股东。据调查,工业和商业公司持股占德国股市融资额的 72.9%。在前 100 强公司中,爱怜氏保险公司、贴现银行、慕切纳·洛克公司和德意志银行是最大的股东。该公司和德意志银行的股权分别占市场融资的 4.87% 和 3.43%。在日本,战后初期解散财阀和消除经济力量过度集中的"经济民主化"改革曾一度摧毁了战前形成的"金字塔型"企业所有制结构,并由财阀拥有家庭或个人。形成分散的个人主导的多元化股权结构。但是,这种情况从 1955 年到 1960 年扭转过来,最终形成了金融机构、综合贸易公司、大型工业企业等稳定的法人股东的股权结构。到了 1960 年,日本企业法人的持股比例从 1984 年的 64.4% 上升到了 53.2%,到了 1989 年的 72%。在日本公司中,公司股东不仅持有比个人更多的股份,而且大部分还是主要职位股东。1990 年,日本企业前五大股东中有 89% 是各类企业或机构,其中主要银行占比达到 47%。交叉持股现象也是该模型股权结构的重要特征之一。德国的爱怜氏保险公司、拜尔·海泊塞肯·威施银行、贴现银行和慕切纳格克公司这 4 家公司相互持股达到 28%~42%。这些公司也是几家金融公司和非金融公司资本关系的核心。根据日本商法研究所 1990 年进行的一项调查,在日本的非金融公司中,有 92% 的公司具有相互的股权关系。其中,相互持股比例超过 10% 的公司占比超过 70%。根据日本交易委员会的调查,日本六大集团公司的股权比例在 1989 年为 21.64%,1992 年为 22.31%,1993 年为 22.21%。六大企业集团之间的共同所有制比例为 1989 年为 13.52%,1992 年为 14.49%,1993 年为

14.47%。企业集团内企业之间经常发生共同持股现象。这种持股模式可以加强相关公司之间的联系，并有助于防止公司被兼并。此外，德日两国有贸易关系的公司之间的交叉持股非常普遍，股东持股也相对稳定。与英美模式的红利分红和资本收益不同，德中企业股东持股的主要目的是与公司保持长期贸易关系，并关注公司的长期增长。

2. 高级管理者的经营管理权限较大

在股权结构中，由于个人股东持股比例偏低，因此其对于公司基本不能产生影响。企业的大股东一般是企业法人。正是由于企业法人之间相互持股，形成了相互制约的局面。因此，在企业正常运作中，大股东很少直接干预企业的经营活动。由于公司股东之间的不干涉，高级管理者也获得了相当大的控制权。《日本商法》在公司股东大会、董事会、监事会制衡机制和股份控制权保护制度中没有发挥应有的作用。在日本，股东大会只是一个简单的仪式，并没有扮演公司最高权力机构的角色。据有关资料显示，75%的股东大会不会超过30分钟。股东们从不质疑会议讨论的内容。经理们只是简单地陈述了公司相关的经营问题，并没有处理实质内容。根据公司治理的要求，董事会由大多数股东选定为代表股东做出经营决策的机构，并应对公司高级管理层做出回应，并进行监督以维护权利股东的利益，但实际情况是，在日本公司中，公司董事会成员几乎全部由"内部董事"组成，而且这些董事也是总经理的下属。他们服务于总经理，在人事方面也受总经理的控制，"长幼秩序"的文化观念对日本有深远的影响，高级管理者作为高层，受到作为下属董事的监督，在实际中很难发生，尽管独立监督机构与董事会级别相同，但是其绝大多数成员远低于公司总经理，他们也是公司总经理的下属。因此，监事会的职能不能真正发挥作用。可以看出，股东大会、董事会、监事会在权力制衡方面，日本公司并没有真正发挥实质性作用。

3. 公司治理建立严格的监督机制

在此模式下对企业经营者的内部监督主要来自三个方面。

（1）主银行监督

主银行是公司的主要贷款人，也是公司的主要股东。在业务状况良好的情况下，主要银行只具有"借贷者"的角色，不会轻易干预公司的运营和管理。当业务状况恶化时，主银行将行使其股东权利以干预公司的管理，并根据具体情况干预公司内部事务，实施包括债务延期、利息减免和财务援助等一系列措施。如果情况进一步恶化，公司甚至会被主银行接管。

（2）企业集团内部监督

由于集团公司持有股份导致企业法人存在，企业集团持股比例较高，通过独特的方式提升企业的监管力度，如派遣人员到控股公司加强管理，通过相关交易，并成立一名经理担任公司的监督角色。在德国和日本的公司治理结构中，公司的业务执行职能和监督职能是分开的，形成执行董事会（即董事会）和监督董事的两个执行机构（即监事会）。德国监事会独立监督公司决策的执行情况。在日本，董事会下层的经理会是企业集团的核心，是在公司相互融资的基础上形成的非正式监督组织。它主要用于信息交流、信息沟通和意见的协调。虽然管理者没有建立相应的投票机制，并且各参与者之间没有领导关系，但每个公司的管理者都会感受到委员会内部的压力，而形成多数人支配下的意见统一。

（3）公司成员参与监督

由于日本传统文化中的家庭观念，强调决策的集体思想，以及独特的终身雇佣制度和年轻系列系统的人事制度，成员对公司具有强烈的认同感和归属感，把自己的利益与企业联系在一起，从而形成对员工的主导控制。日本公司的员工可以享有就发展过程中的基本问题提出建议的权利，并且可以很好地被采纳。作为德国非常活跃的工人运动，员工参与决策制度也是一种独特的监督机制。在德国的历史上，早期社会主义的相关法律提出了员工民主管理的相关内容。第二次世界大战后，随着资本所有权和经营权的分离，德国员工参与意识进一步增强。公司法要求监事会成员必须有员工。

（三）德日公司治理模式的评价

1. 德日治理模式的优势

（1）产权结构可以有效监控公司的生产经营活动

德国和日本公司的产权结构主要是银行等金融机构持有的股份。因此，银行不仅有监督动力，而且有监督权力。他们有着丰富的专业知识和管理经验，能够及时有效地监督公司的业务活动，从而确保公司的正常高效运作。作为公司的主要债权人，银行将不可避免地获得有关公司业务活动的信息，以确保其债权的安全性，并对企业进行全面有效的监督。

（2）有利于公司的长期稳定发展

作为银行的大股东，其投资的主要目的不是分红，而是长期稳定的投资，所以银行将与公司保持长期稳定的关系，这有利于公司的稳定。公司法人交叉持股有利于稳定业务合作，降低交易成本，提高交易效率。

2. 德日治理模式的缺陷

①由于缺乏来自外部资本市场的压力，公司的监督体系实际上是无用的。由于德日治理模式下的股权结构主要以公司所有权为特征，因此公司所有权的目的不是要在资本市场上有效地竞争，而是要加强公司之间的业务关系。这使得原有的电力资本市场竞争非常激烈，很难真正发挥其监督和控制的作用，很容易形成不利于企业发展的绝对"内部控制"。

②高级管理者的创新意识不强，企业创新缺乏动力。由于公司之间相互持股，形成了较为稳定的股东结构，高级管理者的竞争压力并不明显。因此，企业创新发展的动力不是很明显，不利于公司的长远发展。

③股东的特殊性往往会造成泡沫经济。银行和企业形成了一个利益共同体，并且高度相互依存。一旦银行对企业的限制不足，很容易导致企业盲目扩张，而直接融资的便利性会使公司的负债率过高，容易导致泡沫经济的出现，并对国民经济发展产生不利影响。

三、东亚家族治理模式

（一）家族治理模式发展历史

理论界尚未对家族企业提出明确的定义。钱德勒认为，公司的创始人及其最亲密的合伙人和家族控制大部分股权，他们与高级管理者保持着密切的个人关系，并保留高级管理者的主要决策权，特别是相关的财务政策、资源分配和高级职员选拔。哈佛大学教授唐纳利认为，家族企业是指至少有两代人参与公司业务管理的同一个家族，而两代融合的结果是使公司的政策和家庭利益与目标具有相关性关系。席酉民和赵增耀认为，家族企业以亲缘关系为基础，以追求家庭利益为首要目标，以权力的实际控制为基本手段。作为全球最具普遍性的企业组织形式，家族企业在世界经济中扮演着举足轻重的角色。他们占兰州公司总数的65%～80%，主要集中在东亚、韩国、新加坡、马来西亚和印度尼西亚。在菲律宾、泰国等国家，这种模式也被称为东亚家族治理模式。

第二次世界大战结束后，随着西方殖民主义制度的崩溃，东亚国家陆续摆脱殖民统治。自20世纪50年代以来，他们走上了利用自己的公司发展工业化的道路。由于缺乏成熟的资本市场，东南亚国家还没有经历过原始资本积累的过程。用于创建和发展企业的资金大多是在家庭成员中累积的。而且，一些企业的发展历史也是家族企业向公营企业发展的历史。东亚地区的公司主要是在第二次世界大战后成立的，他们的发展历史只有几十年。因此，家族控制模式是企业发展到一定程度的必然选择。这些国家也深受儒家思想的影响。儒家有系统地强调集权和阶级秩序；重视德育在教育中的统治；在人际关系上强调忠孝观"，强调家庭血缘的力量。这些观点也反映在公司治理中：在企业中，重点是家庭凝聚力，父权制和集权化的统一，以及在血缘关系中传播公司权力和员工对公司的忠诚度。孝顺长老，强调秩序比自由更重要。在东南亚，中国人占全国居民总人数的较大比例。面对西方殖民主义者和土著人民的不公平待遇，家族模式是保持企业秘密并保持企业发展的最佳选择。因此，东亚家族治理模式的出现具有其经济、历史和文化的必然性。

第二次世界大战后，在美国的援助下，韩国以轻工业替代战略为核心实施经济重建，私营公司进入创业期。战前日本的公营企业和私营企业几乎以较低的价格出售给企业家、军事和政治人员及其他人。许多家族企业因此开始产生和发展。随着西方殖民体系的崩溃，外资逐渐退出东南亚国家。家族企业的生存空间相对宽松。他们通过兼并、收购、控股等形式控制西方资本所控制和垄断的行业，公司发展迅速。自八十年代以来，东亚家族企业的产业水平不断提高，并涌现出越来越多的高科技产业。多元化业务范围进一步扩大。许多大型家族企业开始采用跨国公司战略，其业务国际化程度不断提高。在此期间，该司扩大了国内外合资合作范围，上市公司数量持续增加，中国家族企业的知名度和社会化程度不断提高。家族成员仍然控制着公司所有权，家族企业的所有权出现了多元化：许多公司的领导层开始转移到第二代或第三代，家族以外的高级管理者开始大量进入公司，并获得一些高级管理职位。

（二）家族治理模式的主要内容

1. 股权机构以血缘关系为核心

在韩国和东南亚家族企业中，家族成员在五种情况下控制着公司的所有权或股权表现。在第一种情况下，企业的初始所有权属于单一企业家。当企业家退休时，企业的所有权被转移给子女，并由子女分担。在第二种情况下，企业的初始所有权取决于参与合资企业的兄弟姐妹或兄弟姐妹是共同拥有的。当企业由第二代企业家经营时，企业的所有权由企业家的兄弟姐妹的子女或堂兄弟的子女共同拥有。在第三种情况下，企业的所有权由合营企业决定。拥有血缘、婚姻、亲属关系的家庭成员一起控制，然后转交给企业家的第二代或第三代家庭成员，由他们共同控制。第四种情况，当其他企业家或企业共同建立合资企业时，他们由家族企业家或家族企业控制。公司股权转让给第二代或第三代家庭后，形成家庭成员共同持有股份的情况。在第五种情况下，原来关闭的一些家族企业受到公开化或社会化的压力。部分股份转让给家族以外的其他人进行夏季企业或企业转型，公开上市交易，从而形成家族企业多元化的所有制结构，但这些家族股权仍然是家族企业的多元化经营控制。上述五种情况中的每一种在韩国和东南亚都有大量的家族企业，其中包括韩国和东南亚家族企业的家族所有权或股权控制的基本概况。在印度尼西亚、马来西亚、泰国、新加坡和中国香港，超过一半的上市公司是由家族控制的。韩国、菲律宾和中国台湾的比例分别为71.5%、67.2%、61.6%、55.4%和66.7%。上市公司所有权的家族控股公司的比例略低，但分别达到48.4%、44.6%和48.4%。

2. 公司权力高度统一

东亚控股的家族一般参与公司的经营管理和投资决策，家族控制的董事会对公司具有实际的权力，控股股东通常通过董事和经理来控制公司。董事长和经理人之间大部分存在亲戚关系，但部分公司也雇用了没有亲属关系的高级管理者。

3. 公司治理呈现家庭化特征

在企业决策方面，由于公司股权结构的特点和儒家伦理的影响，韩国和东南亚家族企业中的公司决策已被纳入家族内部序列。重大的企业决策，如创办一家新公司、开创新业务和任命人员、决策公司的继任者等由家族创始人的父母制定。其他家庭成员的决定也需要得到家长的批准，即使这些家长已经退出公司的一线运作。但是，第二代家庭成员的主要政策也必须征求家长的意见或获得家长的同意。当家族企业的领导权转交给第二代或第三代时，上一代家长的决策权也给了第二代或第三代的接班人，他们所做出的决定，同一代的其他家庭成员也必须服从或遵守。但是，与上一代的家长相比，第二代或第三代家长的绝对决策权力已经减少，这也是第二代或第三代家族企业之间矛盾或冲突的根源。

在员工管理方面，韩国和东南亚的家族企业不仅利用儒家"和谐"和"泛爱"的理念来实现家庭成员的团结，还将其应用于对员工的管理。在这种理念下，管理者与被管理者不完全是雇佣关系，管理者将员工视为孩子，形成和谐的环境。通过提高员工的归属感，提高员工凝聚力，培养内部家庭氛围，使员工在企业中获得成就感。例如，马来西亚金狮集团在经济低迷时期不会解雇员工。如果员工表现不佳，公司不会立即开除他们。相反，他们会采取与员工交谈的形式分析问题并解决问题。这种以家庭为基础的管理氛围为公司创造了巨大的影响力。由印度尼西亚林绍良担任主席的中亚金融集团为超过25年的超龄员工实行全薪退休制度，增加了员工对公司的忠诚度。又如，韩国家庭企业为员工提供宿舍、食堂、通勤班车、员工医院、洗浴、托儿所和员工学习条件等各种福利设施。韩国和东南亚家族企业对员工的家族式管理不仅提高了员工对企业的忠诚度，而且增加了企业经理和员工之间的亲和力和凝聚力。这也减少了员工与公司之间的摩擦和矛盾，确保了公司的顺利发展。

4. 对高级管理者的约束和激励呈现双重性特征

在韩国和东南亚的家族企业中，高级管理者受到家庭利益和亲情的双重激励和限制。一方面，高级管理者为家庭成员的利益而努力工作，增加家庭成员对日常管理的责任感和使命感，将公司视为自己的生命，其对于高级管理者的推动力是非亲属关系激励难以比拟的。另一方面，为了弘扬家族企业，为了维护家庭成员之间的亲情，他们必须努力建设一个荣耀的、和谐的、富有的家庭。这种家庭经济利益和家庭感情的双向激励和约束是家族企业的一个重要特征。因此，与非家族企业相比，家族企业管理者的道德风险和利己主义的概率较低，对高级管理者的监督和限制的代理成本也较低。

（三）家族治理模式的评价

1. 家族治理模式的优势

在这种模式下，大股东通常更积极地参与公司的管理和决策，有利于经理和业主之间的沟通和协调。所有权、控制权和经营权高度统一的家族治理结构不仅使公司的利益和个人利益更加同步，实现了双重激励约束机制，而且大大降低了内部交易成本，最大限度地实现了内部管理，实现最佳配置的资源效率。

2. 家族治理模式的缺陷

①所有权控制过于集中，家族股东很容易侵蚀小股东的利益。在所有权和控制权分离的现代公司中，控制人获得的控制权达到一定的临界点，并获得完全控制权。由于责任和激励的不对称是不相容的，控制者通过控制获得私人利益激励，从而损害少数股东的利益。另外，家族模式下的公司治理缺乏透明度，为私人利益损害其他小股东的利益创造了有利条件。

②企业监督机制难以得到有效发挥。首先，银行的监督作用难以发挥，银行只是在公司内部或者在政府控制下的贷款人。其次，东亚国家及相关地区的资本市场处于发展初期，其存在流动性低、交易不活跃、缺乏透明度和信息披露不足的弊端。因此，由于公司治理透明度较差，导致家族企业的小股东无法获得准确的信息以做出适当的投资决策，从而保护自己的权利和利益。

③家庭权力的转移很容易引起企业经营管理的动荡。当一些家族企业的企业家将企业领导权转移到第二代或第三代时，第二代领导者缺乏相应的专业知识和管理技能，造成分裂、解散和破产的风险。

第三节 国内外企业创新现状

一、我国企业创新现状

（一）企业创新数量增长

在知识经济时代，创新具有重要的意义，我国十分重视创新活动的开展，自主创新已成为关系我国发展的重大战略。人才对于创新活动的开展具有重要的意义。当前，经济的竞争越来越表现为人才的竞争，对于企业来说，如果拥有了丰富的创新人才，对于企业通过创新获取市场竞争优势具有重要的意义。改革开放40年以来，我国一直重视对创新人才的培养，我国的人才队伍在数量和质量上都有了较大的提高，为企业创新提供了大量的人才基础。2016年，我国R&D（研究与试验发展）人员为45.0万人，比2012年增加了6.2万人。

作为创新的主体，创新企业的数量直接决定着整个社会创新的活跃程度。近年来，随着创新作用的凸显和对创新重视程度的提高，我国创新企业的数量得到了大量的增加。2010年我国有R&D活动的企业个数为12 889，到2016年，有R&D活动的企业个数达到86 891，增长了约5.7倍。创新单位结构分布现状有以下特征。

1. 企业创新存在区域差异

根据相关调查发现，在我国，创新活动呈现出了较为明显的区域差异，其主要表现为东部区域创新较强、西部区域创新较弱。在R&D人员和R&D经费两个指标上，东西部之间有着明显的差距。人员和经费是影响创新活动的重要因素，在总体上，东部的创新活动较为活跃，东西部在创新上还存在着较大的差距。

2. 企业成为创新活动的主体

通过对我国的创新活动进行分析可以发现，目前企业已经逐渐成为创新活动的主体，企业R&D人员在全国R&D人员中占有较大的比重。2016年，企业R&D人员为270.2万人，全国R&D人员为387.8万人，企业R&D人员占全国R&D人员的比重达到69.67%。科学研究与开发机构、高等学校2016

年的相关数据分别为45.0万人、11.60%、85.2万人、21.97%。在R&D经费支出上，企业也占据着主体地位。2016年，企业R&D经费支出10 944.7亿元，全国R&D经费支出15 676.7亿元，企业占比69.81%。科学研究与开发机构、高等学校的相关数据分别为2260.2、14.41%、1072.2、6.84%。

（二）R&D经费投入增加

R&D经费指的是对社会用于基础研究、应用研究、实验开发的实际支出总量的年度统计，也包括创新活动所需的劳动力、原材料、建设、管理、其他支出等成本。R&D经费是衡量创新活动的重要指标。随着社会对创新活动重视程度的不断提高，R&D经费也保持着大量的增长。2012年，我国R&D经费支出为10 298.4亿元，到2016年增长到了15 676.7亿元，增长超过了0.5倍。

R&D经费投入强度指的是R&D经费支出占国内生产总值的比重。R&D经费投入强度的数据能够反映出一个国家对于创新活动的重视程度。在国务院印发的"十三五"国家创新规划中，明确提出了R&D经费投入达到2.5%的目标。2016年，我国的R&D经费投入强度已经达到2.1%，离所提出的目标已经越来越近接。随着国家对创新活动的不断重视，我国R&D经费投入强度还将保持稳定的增长。

我国R&D经费的来源主体为政府和强企业，R&D经费的支出主体主要有企业、科学研究与开发机构、高等学校。我国近年来R&D经费的来源与支出如表3-1所示。近五年的数据表明，无论是在经费投入还是在支出上，企业都是占主体位置，这表明企业在创新中的主体地位日益凸显，在创新中发挥的作用不断增强。表中的数据显示，企业的R&D资金投入基本能够满足其R&D支出，这表明企业的创新活动完全依靠自身资金进行，而政府对创新的资金支持的主要对象是科学研究与开发机构、高等学校。

表3-1 我国近年R&D经费来源与支出构成（单位：亿元）

年份	来源			支出			
	R&D经费来源总量	政府资金	企业资金	R&D经费支出总量	企业	科学研究与开发机构	高等学校
2012	10 298.4	2221.4	7625.0	10 298.4	7200.6	1548.9	780.6
2013	11 846.6	2500.6	8837.7	11 846.6	8318.4	1781.4	856.7
2014	13 015.6	2636.1	9816.5	13 015.6	9254.3	1926.2	898.1
2015	14 169.9	3013.2	10 588.6	14 169.9	10 013.9	2136.5	998.6
2016	15 676.7	3140.8	11 923.5	15 676.7	10 944.7	2260.2	1072.2

（三）创新成果数量增加

随着国家对创新的重视及对创新投入的不断加大，其必然会带来创新成果的增加。对于创新成果的衡量主要依靠新产品开发数量和有效发明专利数两个指标进行。2012年我国企业新产品开发数量为323 448，2016年的数量为391 872，增长了0.2倍。2012年我国企业有效发明专利数量为277 196，2016年的数量为769 847，增长了1.7倍。对创新重视程度和投入的不断增加，使科技创新成果数量得到了显著的增加。

（四）高技术产业稳步发展

高技术产业是关系到我国社会经济发展的重要产业。高技术产业涉及的领域主要包括信息技术、生物工程、新材料等。高技术产业具有科技含量高、人员专业技术强、资源消耗小、产品附加值大等优势。高技术产业领域产品的更新换代速度极快，对于经济发展具有强力的推动作用。其较高的科技含量和经济附加值，使得高技术产业成为国际竞争中的重要角色之一。我国十分重视和强调高技术产业的发展和布局。

在国家的持续重视和支持下，我国的高技术产业取得了巨大的发展，表3-2为近年来我国高技术产业（制造业）的发展状况。从各项指标上看，我国高技术产业都保持着稳定的发展趋势。

表3-2 我国近几年高技术产业（制造业）发展状况

年份 指标	2012	2013	2014	2015	2016
企业数（个）	24 636	26894	27 939	29 631	30 798
主营业务收入（亿元）	102 284.0	116 048.9	127 367.7	139 968.6	153 796.3
R&D 机构数（个）	4566	4583	4763	5572	6456
R&D 人员数（万人）	52.6	55.9	57.3	59.0	58.0
R&D 经费支出（亿元）	1491.5	1734.4	1922.2	2219.7	2437.6
有效发明专利数（件）	97 878	115 884	147 924	199 728	257 234
投资额（亿元）	12 932.7	15 557.7	17 451.7	19 950.7	22 786.7

二、国外企业创新现状

（一）美国企业创新现状

美国的创新体系由政府、企业、大学和一些非营利组织构成。不同的主体在创新系统中扮演不同的角色。美国政府的科技创新体系国家团队除了美国总统办公室的白宫科技政策外，还有 16 个政府部门，包括农业农村部、卫计委、能源部、国防和国家自然基金都参与了科技管理职能。他们使用自己的渠道和方式来支持国家科学研究。这些部门拥有 700 多个国家实验室和研究中心的管辖权。这些机构具有法律基础，并有明确的任务、预算和人员配置，以确保实现组织的目标。随着社会的发展和进步，这些机构的任务、目标、人员、资金等可能会有所调整，但促进科学技术发展的基本目标依然没有改变。

企业是美国科技创新的主体，这也是由企业性质决定的。在美国企业尤其是大企业中都设有相关的创新机构，通常在生产部门之下也设有负责创新的相关单位。美国有超过上万家的创新实验室，科技人员数量超过 300 万名，他们大部分的创新研究都服务于美国前 100 强的企业。这些创新实验室的科技人员数量占到了全国科技人员总数的 60%～70%，相关的科研资金投入占到整个国家科研投入的 70% 左右。

但是，由于企业研究的优势仅限于产品开发和应用研究，为了跟上高新技术领域的最新发展，实现重大技术突破和保持长期技术战略优势，必须进行扎实的基础研究，这将迫使企业将更多的基础研究委托给大学，这比建立基础研究设施更具成本效益。大学与公司合作的研究活动导致传统制造业推动了某些地区的经济复苏，卓有成效地创造了大量高科技密集区。因此，它代表了美国科学研究活动的方向，并将不可避免地影响到美国的未来。技术布局的演变具有重大影响。通过与研究型大学合作，企业不仅可以获得合作研究和技术转让的优先权，而且可以通过大学出版物和大学赞助的学术会议及时披露自己的科研成果；此外，企业还可以自由使用大学图书馆、实验室及大型昂贵的研究设施，如粒子加速器、超级计算机和风洞设备。从大学的角度来看，由于近年来联邦预算的减少，政府在国家科研经费中的份额下降，迫使许多大学转而向商界提供财政支持。大学可以使用公司资金来增加奖学金，招聘更多教师，并更新研究成果。大学接受公司高级工程技术人员，并可继续使用最新技术成果改进现有理论，实施材料避免知识老化；高校教师和学生可以借此机会参与企业应用研究，以测试其科研成果。利用公司的地理位置、经验和销售网络快速商业化。大学也可以通过向公司租借备用校园来获得费用。

美国在第二次世界大战之后为保持其经济技术优势，通过改革税法、完善专利法、颁布新的振兴法及健全行政管理法等促进科技创新。

首先，美国议会突破了企业投资不能享受免税政策的传统税收原则。

1954年，美国立法机关制定了一项法律，规定当年所有的技术研发投资都可以用作"减税"，即从企业收入中扣除。后来在1981年制定了法律，进一步规定：如果公司的研发费用在当年超过了前三年的平均水平，公司超过25%的费用可以免税。在这些法律开始实施的第一个五年内，美国公司的科技研发支出增长了大约53%。

其次，美国还颁布了法律，通过提高企业固定资产的折旧率来推动科技进步。例如，为了促进小企业的发展，美国颁布了法律，允许小企业在第一年将新固定资产的价值增加20%，这极大地刺激了企业研究设备的更新。此外，美国于1980年颁布了《史蒂文森—韦得勒技术创新法》，以鼓励传播信息；1980年国会通过的《大学和小企业专利程序修正案》，是美国国家专利战略的一次革命；1989年颁布的《国家竞争技术转让法》加强了合作协议中对信息和发明的保护。美国还制定了《国家宇航法》《重组DNA分子研究准则》等。在法律实施中，政府根据形势的变化及时废除、变更、制定法律。根据1986年"内地税法"的规定，所有商业公司和机构的发展活动资金与往年相比增加的话，可以增加相当于增值额20%的退税额。1986年规定的退税有效期至1995年，此后法律适用期延长。2000年2月，美国国会通过了《网络及信息技术研究法》，该法案永久延长了上述税收待遇的适用期限。除了明确的法律形式外，国家还以法规或总统令的形式体现了这些政策，如克林顿政府发布的《科学与国家利益》和布什政府发布的《鼓励制造业的创新》总统令。

在发展高新技术产业化过程中，企业是基本实体之一。充分利用靠近市场的企业优势，以企业为主体，支持和提升企业的技术创新能力。国家发展目标可以成功实现。为了推动科技工作更贴近经济建设，在国家经济发展中发挥更加有效的作用，美国政府高度重视具有产业优势和市场前景的基础研究开发工作，努力改善企业创新能力。将特别强调加强基础研究与国家目标之间的整合，并在国家选定的优先领域增加研发投资以促进这些领域的发展。为提升企业创新能力，美国政府对企业研发投资给予永久性减税优惠，将小企业先进技术的长期投资所得税减少50%。

在发展高新技术产业化的过程中，另一个基础机构是进行创新的政府部门和个人，其动力是创新成果的转化、实现和获得。为促进科研成果尽快进入市场，许多国家政府努力建立有利于技术转让的激励机制，建立了不同形式的技术转让机构或网络。美国于1992年成立了国家技术转移中心。成千上万的各类公司通过该中心寻求技术合作。美国政府还投资建立了全国几十个科技成果推广中心，将政府科研机构的成果介绍给国有企业。鼓励他们开发和使用这些技术。为激励科技人员转化科技成果，克林顿总统于1996年3月7日签署《国家技术转移与进步法》，该法规定，如果联邦实验室向工业部门转让技术，必须先向发明者支付金额为2000美元的转让费，之后再付给发明者技术使用费的15%作为提成。为了确保创新实体的利益，美国制定了更为全面的知识产权保护政策，并建立了保护知识产权、版权和商标及维护这些权利的法官、法院和法律体系。

与大型企业相比，新技术研发的风险和成本往往超过中小企业的能力。但是，由于中小企业面临的竞争压力，创新生存的动力也很大。同时，其组织结构灵活，在创新效率和周期方面明显优于大公司。美国82%的企业创新产品来自中小企业。1982年，美国通过了《小企业创新发展法》，制定了创新型中小企业研究计划。它鼓励中小企业挖掘其技术潜力，并为创新技术、产品和服务的启动和研发提供财政支持，鼓励其创新的市场化。2000年，政府还对《小企业创新发展法》进行了修订，将与中小企业创新研究计划相关的内容延期至2008年9月30日。

中小企业创新研究计划适用于美国公民创办的雇佣有研究人员的以盈利为目的的，保持独立经营的且规模不超过500人的企业。由于联邦预算中的研发经费主要分配给相关政府机构，因此农业农村部、美国国家航空航天局和国家科学基金会每年需要从预算中分配一定数量的资金来支持中小企业的技术产品创新。这些部门确定年度研究和发展主题，并获得处理中小企业的资金。

总的来说，中小企业技术产品创新的启动阶段为6个月。它可以获得高达10万美元的资金，重点是确定创新技术的价值和可行性。经有关部门审核通过后进入第二阶段，最长时间为两年，最高资助金额高达75万美元。重点在于研发和评估新技术的市场潜力。美国政府后来制定了一个由能源部、卫计委、美国国家航空航天局和国家科学基金会参与的小企业技术引进计划，以帮助没有独立研究机构的中小企业。该计划主要是促进中小企业与大学、研究机构和政府资助的研发中心等非营利性研究机构建立伙伴关系，并鼓励它们组建合资企业。同时，技术转让也为大学和其他公共研究机构带来了可观的收益。

（二）日本企业创新现状

日本领先的科技优势和日本政府的巨大科技投入密不可分。二战以来，日本政府、企业、大学和非营利组织的研发投入一直处于世界领先水平。从1980年到1999年，日本的研发投入占GDP的比例从2.1%持续到3.0%。虽然中间有一定浮动，但仍回归正常的增长态势。

在日本的泡沫经济时期，日本企业在研发方面并没有放松，他们仍然增加对研发的投入。2001年8月20日，日本"经济新闻"刊登了日本企业"研究与开发工作"的调查报告。这项调查于2001年6月初至7月中旬在461家制造业和能源领域的公司进行。调查的回收率为72%。根据调查结果，2000年企业的研发成本实际比1999年增长了4.4%，2001年比2000年增长了6.6%。在收回的332家公司中，有273家公司需要增加投资于研究和开发。其中，在未来五年内将增加基础研究费用的公司中，约有20%的可能性是前一次调查的两倍。尽管许多公司已经投资了压缩设备并减少了员工人数，但他们对研发的投资却在逐年增加。

即使经济如此低迷，日本也没有放松对技术研发的投资。庞大的研发资金保证了日本研发的实力和水平，能够迅速提升国家整体创新能力。在国家整体投入中，研发投入占GDP的比例越高，技术越发达，国际竞争力越强。而研发投入占GDP的比例相对较低的国家的国际竞争力将受到威胁。

随着日本科技水平的不断提高，如何促进民营企业特别是大企业加强对原件和基础件的研究已成为日益迫切的政策问题。这里需要说明的是，关注小企业的技术进步是日本政府制定科技政策的主要特征。1998年，日本修改了《研究交流促进法》。目前，日本101所国立大学中有61所已经与企业建立了合作研究中心，各种产业合作研究项目迅速增加。2000年，科研项目的数量超过了4000件，这是日本在这个领域的最高纪录。大学技术转移促进法等进一步放宽，技术转让机构（TLO）应运而生，目前已有33家公司。这种组织为推动专利研究、实现大学研究成果的商业化做出了巨大贡献。它发挥了承担大学与企业之间的桥梁的角色。

为了促进产官学科研合作的一体化，日本政府通过强化产业竞争力、改革产官学的系统构成等方式推动国内科技体制的改革，以达到推动区域可持续发展，培育以知识为基础的社会环境；改革有关科技教育人才的培养和实施制度；强化对科学知识的学习；建立技术创新的社交沟通渠道；加强与科技相关的社会道德责任和风险管理；扩大大学和其他技术基础设施并完善治理的目的。

通过制定这些科技政策，在较为重要的科技领域中有目的地选择较为需要和重要的创新课题，并通过产官学合作共同开展技术创新项目的研究，实现对技术创新的合力攻克，并对整个国家的技术创新发展方向进行指导。这也使日本可以继续保持和巩固21世纪科技强国的地位。

企业不仅是国家经济实力的基础和支柱,也是技术创新的主体。企业创新能力不仅是企业自身发展壮大的根本动力,也是提升国家竞争力的重要因素。因此,与其他创新型国家一样,日本也将提升企业创新能力作为提升国家竞争力的重要举措,并逐渐将企业培育成创新主体。根据市场的敏感需求,企业将优先考虑市场所需的科技成果,将其转化为产品,同时表明公司具有不断创新的内在需求。因此,日本企业可以不断提高自身的科技竞争优势,并迅速将研究成果转化为国际市场上竞争力较强的产品。

(三)德国企业创新现状

在德国,企业一直是技术创新的主体。据统计,2010年,德国企业共投入科技研究费用490亿欧元,占全国科研投入总额的70%。在欧盟研发投资排名前25位的公司中,德国公司占11家。德国不遗余力地推动中小企业发展,德国政府先后通过了《工商企业研究开发人员增长促进计划》《企业技术创新风险分招计划》《中小企业研究合作促进计划》《小型企业服务投资促进计划》等一系列法律,对促进企业开展创新活动具有重要作用。一般来说,科技成果转化的关键在于科技界和企业的结合,这就要求企业主动与科技界沟通,获得科技人员的帮助和支持。按照德国的具体做法,只要中小企业安排研究任务和发布需要克服的难题,他们就可以从科教部获得激励资金,公司即可以使用奖励基金聘请科技人员。正如有关政策所述,任何国家级大型科研项目都必须至少有一个中小企业参与,否则将不予批准。通过参与科研项目研发的全过程,深入了解设计过程、工程结构和工艺方法的细节,同时也增加了公司自身的技术基础,以增加实力,并提高创新的信心和积极性。当科研机构选择科研项目时,他们首先想到的是必须为未来的工业化服务,避免从一开始就盲目选择。

德国拥有大量的大型跨国公司。这些公司对科学研究的热情也很高。他们对科研经费投入有严格的最低标准,一般设立研究部门和开发部门进行分层次的研究活动。研究部门立足于战略科学技术的探索,而开发部门则负责利用现有的知识和技术实现自主创新和新产品开发。例如,德国一家大型化学公司巴斯夫每年在研发方面投入20亿欧元。该公司在世界各地的研发机构拥有8300多名员工。他们有大约1400个合作项目,并与世界各地的大学、研究机构、商业合作伙伴和客户进行合作。

作为德国科学研究(企业研究、大学研究和专业研究)的三大支柱之一,德国大学在德国国家研究和创新体系中占有重要地位。德国大学的研究约占全国 R&D 投资的 18%。大学研究的 21% 是技术工程学，29% 是自然科学，24% 是医学，4% 是农业科学，其余是人类科学和社会科学。为了使大学科研更好地适应社会和企业发展的需要，并将科研成果迅速转化为生产力，德国高校的科研活动非常重视与企业的合作。合作有两种类型，一种是合作研究，另一种是委托研究。例如，德国亚琛工业大学与公司建立了长期的合作关系，专注于机床，在技术和工艺研究方面具有广泛的应用价值。德国工商会提供的数据显示，80% 的德国公司已经将高校研究成果的市场化视为技术创新的捷径。许多德国大公司在大学设立研究机构，充分利用大学的科技优势为企业提供生产服务。

为加强校企交流，提高高校科技成果转化率，德国许多大学都设有专门负责联系相关公司的部门。柏林科技大学设有一个技术转移处，负责管理合作项目，推动大学的重要技术成果，开展国际合作与交流。柏林科技大学也建立了一个完整的数据库。如果一个企业对一个项目感兴趣，直接找负责教授进行咨询很容易。柏林技术转移办公室的米勒先生强调，科学园模式是转变高校高科技成果和孵化高科技企业的重要领域。所有大学都把建立科技园作为加速技术内部实验室向市场转移的重要举措。以柏林布赫生物技术园为例，其由研究机构、大学和公司所有。它目前拥有 41 家生物技术公司，其业务领域集中于基因组研究、生命科学和生物信息学。这里科技成果转化效果明显，园区企业受益于科学研究，发展迅速。

第四节 国内外企业创新对比

一、国内外企业创新法律政策对比

在美、日、德等发达的资本主义国家中，十分重视法律规范对经济活动的重要作用，将法律规范作为经济活动开展的基础。这些国家通过相关法律规范的制定为企业的创新活动提供了有力的市场和政策环境。

美国政府在其国家战略中通过了一系列支持企业自主创新活动的工作：通过立法、体制改革、示范项目、投资和制定标准建立国家信息基础设施；确定公共研发和技术转换项目的战略方向，并确定优先资助有利于技术扩散的项目；建立激励机制，鼓励民营企业参与研发项目；促进信息技术在教育、贸易等领域的应用。此外，美国先后出台了一系列鼓励和规范中小企业自主创新活动的法律，对中小企业自主创新活动的发展起到了重要作用。例如，美国 1980 年颁布的《史蒂文森—怀特勒创新法》，旨在加强政府研究与开发机构和大学的技术成果向私营公司，尤其是中小企业的转移，以保护和促进中小企业的技术创新活动。1982年，美国还颁布了《小企业技术创新法》，并实施"小企业创新研究计划"（SBIR），规定如果政府机构外包超过1亿美元的研发合同，他们有义务吸收中小企业参与创新研究。此外，美国先后发布了《联邦技术转移法》《国家竞争技术转移法》《加强小企业研究与发展法案》等，这些法律明确规定了政府机构传授信息技术的义务及新技术开发的责任与当地中小企业合作，加强政府机构对中小企业技术创新的投入，有力地促进了科技的商业转化。

在重视创新的法律政策建设上，日本首先将技术创新定为国家发展的基本国策，并通过一系列法律法规的制定建立起了政府与企业之间的技术创新体系。日本十分重视对中小企业技术创新的支持，并制定了一系列法律法规为中小企业创新提供制度支持和保障，如1956年制定的《中小企业振兴资金助成法》、1985年的《中小企业技术开发临时措施法》等。法律上对创新的重视和支持也使得日本在二战后实现经济的快速发展。当日本的经济发展遭遇房地产泡沫之后，为了促进经济的恢复和发展，日本政府又在法律上加强对促进科技创新的相关法律的制定。日本相继制定了和颁布了《科技基本法》和《科技基本计划》，在《科技基本计划》中，日本政府为促进企业创新采取了增加投入、加强人才培养、加强对独创性基础研究的扶持力度等一系列措施。进入21世纪以来，日本又相继制定了《知识产权战略大纲》和《知识产权高等法院设置法》等法律法规，不断完善支持和保障创新的法律体系。

我国为了促进企业创新也制定了一系列法律法规，包括《科学技术进步法》《专利法》《促进科技成果转化法》等，并形成了以《科学技术进步法》为核心的科技法律体系。虽然我国在促进企业创新的法律法规建设上取得了一定的成果，但是在其他政策如税收、采购、金融等方面对企业创新的保障和服务还不完善。目前我国在企业创新上还存在着诸如中小企业融资难、技术创新法律体系不完善、知识产权保护水平低等问题，资金问题限制着企业创新活动的开展，体系不完善则使企业创新缺乏鼓励和支持，保护水平低则造成了企业创新利益的受损，打击了企业创新的积极性。因此，我国需要不断完善企业的法律法规政策建设，为企业创新提供良好的环境和完善的制度保障。

二、国内外企业创新财政金融政策对比

美国是世界上R&D经费投入最多的国家，其一国的R&D经费投入占到

全球 R&D 经费投入的 30%，虽然其 R&D 经费投入增速放缓，但仍保持着增长趋势。美国在 R&D 经费上的高投入，为美国带来了丰富的创新成果。以科技创新产出的本文成果为例，美国是世界上在主要科学与工程期刊上发表本文数量最多的国家。美国还在法律上为企业的创新投入提供了支持，其《中小企业创新发展法》规定，对于 R&D 经费超过 1 亿美元的企业，政府需要按照法定比例对企业的超额部分提供资金支持。

在财政政策上，日本政府主要通过提供财政补贴的形式对创新活动进行支持。在日本，企业开展技术创新研究，其所需要耗费的设备、运营等研究经费的一半都可以通过政府的财政补贴获取。第二次世界大战后，日本为促进创新发展，为计算机、运输、能源等行业都提供了创新的资金补贴。日本还为支持中小企业的创新活动提出专门的财政支持。日本政府专门设立技术开发补助金，为中小企业的技术创新提供 50% 的资金支持。日本政府还通过政策性银行为中小企业提供贷款优惠，使中小企业能够获得低于商业银行利率的贷款，保证中小企业能够获得创新所需的资金。同时，政府为了帮助中小企业获得贷款，还出资成立了保险和担保机构，为中小企业的创新融资服务。为了向中小企业创新提供资金支持，政府还采取了认购中小企业股票和债券的措施，以保证企业能够有充足的资金，保证中小企业的创新投入。此外，日本政府还鼓励建设中小企业互助基金，加入互助基金的中小企业不需要任何抵押和担保就能够随时随地获得贷款。

德国为促进创新制定了"欧洲复兴创新"计划，以保证国内企业能够跟上世界创新发展的趋势，在世界范围的创新竞争中取得稳固的位置。该计划将对创新的财政支持分为两个阶段。第一个阶段是对符合市场需求的技术、产品、服务创新提供长期贷款的资金支持。在"欧洲复兴创新"计划下，凡是从事创新活动的年营业额不超过 2.5 亿马克的企业都能够申请企业创新的长期贷款支持。第二个阶段则为对技术、产品、服务创新的市场化提供财政支持。自"欧洲复兴创新"计划实施以来，德国政府已经提供了超过 1100 笔的贷款申请，其中大部分的贷款都用于支持研发阶段的企业创新，在"欧洲复兴创新"计划下，德国国内企业的创新活动得到了巨大的发展，新材料、微电子、信息通信技术等行业的创新活动获得了大量的资金支持。针对中小企业的技术创新，德国政府专门拿出 6 亿马克的资金，建立了"小型技术企业参与基金"。基金的建立不仅能够为中小企业提供贷款支持，还能够为企业创新研发人员提供工作机会。德国还支持中小企业与科研机构共同进行创新项目的研究，成果由合作方共享，对于企业的合作研发活动，政府还会给予一定的财政补贴。

从R&D经费的投入上来看,虽然我国政府和企业的资金投入有了较大的增长,并在总体上超越了日本和德国,成为世界R&D资金投入第二高的国家。但是我国的R&D资金投入与美国还有一定的差距,而且我国R&D资金投入占比还较低,与美、日、德等国家还有一定的差距。

通过对我国企业R&D资金投入与支出进行分析可以发现,目前我国企业的创新的资金主要来自企业自身的资金投入,政府在R&D资金的投入中所占的比例不高,对于企业创新的资金支持作用不明显。这表明,现阶段我国的企业创新的财政支持还存在一定的问题,我国政府用于支持企业创新的资金投入不足,财政拨款对企业创新的支持和引导作用不明显。相关数据显示,2016年我国开展R&D活动的企业比重为23.0%,因此我国应不断加大财政对企业创新的支持和引导力度,鼓励更多的企业开展创新活动。

三、国内外企业创新税收政策对比

美国在20世纪60年代和70年代采取了高税率政策。到1976年,美国的资本收益税已经高达49%,高额的税率使美国的高技术产业发展受到了极大的阻碍。为了促进高技术产业的发展,美国国会做出了降低税率的决定,并将税率降到了28%。里根政府时期,美国实施了"经济复兴税法"。该法案的实施不仅使美国的税率降到了20%,并且还为企业创新提供了一系列的税收优惠政策,如对企业过去三年创新研发平均开支部分的税率征收提供减免25%的优惠;缩短用于企业创新研发的设备的折旧年限;对于企业向高等院校捐赠的研究设备提供税收优惠;对参与跨国研发创新的小企业提供税收优惠等。"经济复兴税法"的税收政策优惠,对美国高技术产业的创新活动具有巨大的促进作用。

日本对于企业创新的税收优惠政策主要是通过建立和完善税制结构实现的。日本政府关于为企业创新提供税收优惠的法律主要以《增加试验研究经费的纳税减征制度》为依据。该制度规定,对于企业研究经费增加的部分,若其超出支出的最高水平,对于增加的部分提供20%的税收优惠。该制度自1967年制定实施以来,一直延续至今。在长期的实施过程中,这一制度的税收优惠由20%提高到了25%。此外,日本政府还制定了促进基础研究的《促进基础技术开发税制》,以及促进计算机工业创新发展的《加强企业基础免税制度》。《促进基础技术开发税制》规定,在基础性技术研发的过程中,对于研发活动所需要的资产购入实行7%的税率优惠。《加强企业基础免税制度》规定，对于计算机行业技术研发所需的投资人设备购入和厂房建设等，实行税收减免政策。对于中小企业，为了保证其创新资金的充足，日本政府为其制定了减免研发经费税收等多种优惠政策。

目前，在我国支持创新的战略下，我国为激励企业创新，在税收上制定了以下优惠政策：①增加企业数量研发投资的所得税抵免额可以抵扣当年发生的研发费用的150%的应纳税所得额。②用于研发的设备允许加速折旧。如果单位价值低于30万元，管理费用可以分配一次或几次。单位价值超过30万元的，允许缩短折旧年限或加速折旧的政策。③完善促进高新技术企业的税收政策。国家高新技术开发区新设立的高新技术企业，在获得严格确认后的两年内免征企业所得税，两年后按15%的税率征收企业所得税。④完善进出口税税收政策。优惠对象为企业进口整机设备，必须逐步从针对企业进口整机设备转向鼓励国内企业开发具有自主知识产权的产品和设备所需的关键材料和关键部件。

目前，为推动企业创新，我国还制定了相应的税收优惠政策，为企业创新创造政策环境。我国对企业创新的税收激励措施主要体现在以下几个方面。

总的来说，关于自主税收方面，在相关法律中几乎没有规定，现行的科技税收优惠政策基本上是对部分基本税法法规某些规定的修改和补充。体系建设不完善，稳定性和规范性不足。目前，我国税收优惠政策的制定并不完全合理，税收优惠政策尚未用于刺激企业自主创新活动，特别是内资企业自主创新技术的税收优惠政策还不够。

此外，目前根据我国制度规定，可以扣除150%的研发费用，这可以说是相当有利的，但是对实际收益的限制太多。特许权的适用范围限于国有集体工业企业和外商投资企业，这限制了自主创新政策的普遍性。因此，对其他公司不公平，不利于科学技术的真正进步。此外，对国有及集体工业企业而言，特许经营权仅限于盈利公司，其研发费用实际比上年增长10%以上，超额扣减50%，不得超过其应纳税所得额。

在目前企业利润不足甚至亏损的情况下，优惠措施鼓励企业投资科技的效果将受到很大限制，利润水平不合理，因为优惠政策的目的是鼓励企业投资于科学技术，并且有利条件的限制与折扣的目标不一致。

另外，研发支出比上年增加10%的优惠条件也不合理，不利于科技投入的不断增加。例如，企业A的研发费用每年将增长9%，法规将无法为其提供优惠；而企业B的开发成本每年将增加10%，享受优惠待遇，而科技投入第二年不会增加甚至负增长（甚至为零，今年不会享受优惠待遇）。但是，第三年比前一年多10%，所以你可以再次享受这些福利。从实际技术投资增长效应来看，A公司可能比B公司好，但B公司可以享受2年的税收优惠。目前我国还在购买国内设备和加速折旧等方面提供优惠政策，但实际中获取优惠的限制太多。

同时，按照政策规定，只有工业企业可以享受15%的技术开发资金扣除应税收入政策，目标主要是高新技术园区认定的高新技术企业。另外，中国高新技术企业固定资产的技术转让费和采购成本不能作为生产性增值税的扣除额，加重了高新技术企业的税负。

此外，中国的技术进步税收政策主要是针对那些已经能够获得技术开发收益的公司，但是那些处于起步阶段，需要进行技术改造或缺乏技术并且迫切需要进行技术升级的公司，相应的税收政策则支持不足。这使得在税收政策方面对我国国内企业自主创新的支持具有一定的不足。实验室和中间试验阶段的研究和开发风险相对较高，很少或没有获益，应该成为政策支持的重点。但是，我国现行的科技税收政策恰恰没有考虑这个问题，而只是体现在科技成果的产业化阶段。实施的结果往往是那些已经拥有强大的科技实力和把成果转化为收入的高科技公司是最大的受益者；那些技术落后，急需更新升级或正在进行研究和开发成果转换阶段的公司缺乏适当的税收优惠。

在税收政策中，加速折旧对于促进企业创新也具有积极的作用。

美国通过对加速折旧政策进行改革，实现了对企业创新活动的促进。里根政府时期，美国通过"经济复兴税法"的颁布，对加速折旧政策进行改革。"经济复兴税法"规定，对于研究开发使用的设备可以实行加速折旧，其中机械设备的折旧年限缩短为三年，产业用设备折旧年限缩短为五年。研究设备的加速折旧，使企业在开展创新活动时，能够减少一定的税收支出。

日本为通过加速折旧政策减轻企业创新的负担，专门制定了《新技术企业化用机械设备特别折旧制度》。该制度规定，允许企业以高于正常的折旧率对设备进行折旧，同时根据企业创新的设备投资额，给予企业延期缴纳法人税的权利。日本政府为了促进高技术产业的创新活动，还为电子、软件、生物工程、新材料等行业制定了专门的折旧制度，并为这些高技术行业的企业创新提供补贴。对于在科技研发区内投资超过10亿的企业，政府为其提供企业固定资产在第一年根据购置成本采用特别折旧率进行折旧的优惠，对于特定的企业和项目，还可以提高特别折旧率，特别折旧率最高仅为正常折旧率的55%。

目前，我国企业固定资产的折旧期限较长，并且缺乏相关制度，对企业创新的设备等资产实行加速折旧,导致在这一方面对企业创新的税收优惠不足,在一定程度上限制了我国企业创新活动的开展。通过相关对比和研究可以发现,加速折旧对于促进企业创新具有明显的作用。因此,我国应重视对企业创新加速折旧优惠政策的制定,为企业提供相应的优惠支持,促进企业创新活动的开展。

四、国内外企业创新人才政策对比

在培养创新人才方面,美国通过在大学建设工程研究中心,使得不同学科的技术人才能够汇集到一起,对产业发展所面临的重大问题开展合作研究。此外,美国为了培养高层次的创新人才还制定了各种专门的人才培养计划,如美国科学基金会为了吸引顶尖人才参与到所需的领域中开展研究活动,专门设立了"总统青年研究奖"。美国还专门建立了技术大学,用于对科技人才的教育和培训,使科技人才能够实现知识的更新,掌握最新的科技知识。

在培养创新人才上,日本一方面不断加大对资金的投入力度,为教育事业的发展提供充足的资金支持。另一方面,日本政府还积极推动教育在内容、方式上的改革创新,以提高教育的人才培养质量。为了促进创新人才参与实践的能力,日本的创新人才在从学校毕业后,还必须到公司接受一定的培训。

我国十分重视创新人才的培养,并通过制定相关政策为创新人才的培养提供支持。近年来,我国创新人才的培养也取得了较大的发展,我国 R&D 人员数量不断增加。虽然创新人才的数量有了一定的增加,但是创新人才在我国所占的比例还不高,我国还需要长期重视对创新人才的培养,并保证对创新人才培养的政策支持。

通过对国内外创新人才的培养进行对比可以发现,我国目前在创新人才培养上的问题主要体现在以下几方面。一是过分重视传统的应试教育,导致培养人才在创新的积极性和能力上存在不足;二是创新人才培养的相关法律机制建设和创新人才激励建设不足;三是忽视对技术人才的再教育。因此,我国必须不断完善创新人才培养体系,制定专门的创新人才培养计划。通过各类基金、奖项的设置,激励创新人才的创新活动。积极鼓励创新人才的就业或创新,促进创新人才参与到创新实践中去。建立相关机构,鼓励技术人才不断学习先进知识。

第五章 公司治理结构与企业创新

公司治理和企业创新都对企业的生存和发展具有重要的作用。只有建立成熟的公司治理结构,并不断提高企业的创新能力,才能够使企业在日趋激烈的市场竞争中保证生存并不断取得发展。尤其是在现代的市场经济环境中,创新已经成为企业生存和发展所必需的能力。企业只有不断创新,才能够不断完善自身管理结构,在市场竞争中取得先机,获得高额的经济收益。完善的公司治理结构对于企业创新也具有积极的推动作用。公司治理结构对于企业创新的影响主要在体现在创新资源、创新动力、创新策略等方面。

第一节 公司治理与企业创新的必要性

一、公司治理的必要性

目前,公司治理是微观经济领域最重要的制度建设。建立有效的公司治理的意义主要体现在以下几点。

(一)公司治理的有效性会对公司改革的成功与否造成影响

良好的公司治理可以保护投资者的权益,这是所有权和经营权分离的制度基础。如果投资者的利益因公司治理缺陷而得不到保证,机构投资者和个人投资者将通过"用脚投票"的方式脱离公司;对于股东来说,由于面临着退出的障碍,其将陷入两难的境地。

(二)公司治理影响经济增长

国民经济持续稳定增长的一个重要条件是,投资机构和个人资金继续通过资本市场持续流入企业,转为生产性发展基金。公司治理在这一转变中发挥着核心作用。另外,公司治理与金融体系的安全性直接相关。例如,上市公司的治理结构严重缺陷,投资者的利益得不到保证。此时,投资者无法保证该公司的基本盈利能力,只能转向投机,导致市场投机活动增加及泡沫成分增加。一旦泡沫爆发,往往会导致金融危机。1997年的亚洲金融危机实质上是一场公司治理危机。从这个意义上说，公司治理的有效性与整体经济发展有关，公司治理水平影响经济增长和金融安全。

（三）公司治理是企业竞争力最重要的基础软件

世界大部分取得成功的大公司都经历了发展—融资—再发展—再融资的过程，走这条道路的基本条件是赢得投资者的信任。目前的情况是，有前景的公司需要不断充实资金以获得发展机会，而这些机构投资者和个人投资者正在寻找良好的投资项目和可靠的所有者。这两者能否有效结合，首先要看资本市场是否健康有序，其次是看公司法人治理是否规范和有效。可以说，对于一个有前途的公司而言，有效的公司治理和股东诚信是投资者获得信任、通向资本市场的基石，也是公司竞争力的关键要素。

二、企业创新的必要性

（一）能够使企业获得极大的经济收益

企业创新是企业适应市场需求的过程。通过创新活动的开展，能够为企业带来生产成品的降低、产品质量的提高、产品种类的丰富等良好的效果，从而使企业在市场中拥有独特的竞争优势，保证企业产品在市场中的份额，从而实现企业利润的增加，使企业保持着向前发展的趋势。企业开展创新活动的动力来自市场竞争为企业生存发展带来的压力，因此企业必须不断开展创新活动，以满足市场的变化和需求。有的企业凭借其科技创新成果，成为行业的先行者，随着其技术创新的商业化转化，为创新企业带来了高额的利润回报，从而为企业下一阶段的创新活动奠定基础。

（二）能够推动企业内部组织结构的改善

内部组织结构是企业经营、管理等一系列活动开展的基础，在内部组织结构的管理下，企业的各项活动都能实现有序的运行。作为企业重大活动的创新活动与企业内部组织结构之间有着密切的联系，只有在企业内部结构的支持和配合下，企业创新活动才能顺利地进行。因此，当公司内部组织结构不能满足企业创新的需求或者对企业创新活动造成阻碍时，就必须改变企业的内部组织结构。对企业内部组织结构的转变既可以通过对原有的内部组织机构进行改革和创新实现，也可以通过引入新的企业内部组织结构来实现。要使企业内部组织结构有利于企业创新，应符合以下要求：一是企业内部组织结构能够保证各部分信息传递的流畅；二是企业内部组织结构能够在企业创新活动过程中实现各部门职能的协调，并调动起企业创新的积极性。

(三) 能够实现企业管理制度的优化

一个企业只有建立完善合理的管理制度，才能保证企业创新活动的顺利开展。在企业创新中，管理制度充当着综合性生产要素的角色。只有在管理制度的协调下，才能保证企业创新活动中的各要素充分发挥其应有的作用。企业创新本身具有较大的不确定性，相对而言企业创新中的人力、资金、营销等管理制度则是不变的，完全依靠这些不变的制度很难应付企业创新过程中变化的外部环境。因此，只有通过管理制度对相关制度进行协调，才能优化企业的资源配置。

(四) 能够实现企业创新能力的提高

企业创新不只是对先进技术的研发，对新技术成果的现实生产力转化和商业化应用也是企业创新需要关注的重要内容。对于企业来说，通过引进先进技术，也能够实现企业技术实力的增强。企业在引进先进技术后，可以通过技术改造的形式，实现对引进技术的消化和吸收，并且在此基础之上，开展引进技术向实际生产力的转化活动，从而通过先进技术的引进和转化，实现企业自身技术实力的增强。在趋利性的影响下，企业在创新活动中十分注重扬长避短，努力寻求企业自身优势与市场需求及先进技术的契合点，通过引进先进技术，充分发挥企业自身优势，在企业创新的推动下，获得有利于企业市场竞争的新技术。

第二节 公司治理与企业创新的关系

一、公司治理机制的作用分析

目前，关于公司治理，在不同的角度下，有着多种定义。但无论角度如何，关于公司治理的定义在基本内涵上是一致的。虽然关于公司治理的定义多少存在差别，但是这些定义基本都认为公司治理是制度范畴下的一种制度安排。

关于制度，从社会学的角度来看，其是一种通用的管理模式，它规定并允许人们与他们的社会及各种子系统和团体的其他社会成员互动。被禁止的社会经济行为的范围作为管理人们经济行为的规则，该制度可以分为两类。一种是有形的制度安排，如产权制度等正式规则。这些规则或程序为人们提供了一套外部限制和规定，包括角色和功能、责任、权力和利益及义务。作为该体系的外部安排，正式规则和程序通常是通过强制建立机构或创新实体来建立的。另一种是非正式规则，如意识形态、价值观、习俗和习惯等文化形式。它被表达为一种共同的文化价值模式。在这种价值模式下，人们形成了对外部制度安排框架中规定的各种社会角色及其职能、权利、责任和义务的共同价值标识，从而产生共同的行为期望。这使人们能够在价值模型的内在约束下，根据其各自的角色和功能需求有意识地进行有序的沟通和互动。作为系统的内部安排，这个价值模型往往是通过历史社会化过程实现的，这个过程涉及每个社会成员的文化塑造。

　　作为制度安排的公司治理也体现了制度范围内的两个特征。一方面，公司治理规定了关联方的行为规则和程序。OECD 在《公司治理原则》中指出：公司治理明确规定了公司各董事、董事会、高级管理者、股东和其他利益相关者的责任和权利的分配，并明确说明公司事务应遵循的规则和程序。这一条款在公司法或公司制度条例中有记载，正是通过这种有形的结构和规则，公司治理作为一个系统在企业中获得了合法性。

　　另一方面，公司治理还体现了共同的文化价值模式，使人们能够对上述相关主体的角色、职能和责任形成价值认可，从而产生行为期望。例如，Tricker 认为它包括思维模式、理论、董事和董事会的实践；谢赫（Sheikh）认为，公司治理结构是董事们负责指导公司业务的责任和义务的体系。一个有效的公司治理体系应该提供一种机制，能够规范董事的义务，防止董事滥用这些权力，以确保他们在广义上符合公司的最佳利益。根据这种观点，价值目标公司治理的所有相关实体共享的目的是"保证公司的最大利益"，其行为是在相关价值模型的内在约束下，通过对这种无形文化价值模型的约束和认可，公司治理在企业中获得了制度权威。

　　公司治理的制度功能在于通过有形规则和非物质文化模式为商业活动提供激励机制。它在创新中的作用如下。

　　①产权结构改革可以改变创新资源的供给，从而提高资源配置效率，有利于内部对外利益的内化。

　　②各利益相关者之间的契约关系决定了管理层的内部合作机制，从而对技术创新战略的选择造成影响。其重点在于抑制各主体的机会主义行为，克服对高级管理者的逆向选择和道德风险问题。

二、公司治理与企业创新的关系

（一）公司治理影响企业创新活动的开展

　　公司治理结构决定了创新资源的必要供应，包括创新决策权、创新资金和创新人才。首先，所有权结构不同，管理者对创新具有不同的自主权。一般而言，所有权和内部控制集中的治理模式是对公司的集中和直接管理。管理严密而直接，管理者权力较小，创新项目的审批过程比较复杂；基于外部市场治理机制的模型具有较高的企业管理控制权分散性，管理者相应具有较大的自主权。这就是盎格鲁撒—克逊森统公司迅速应对新技术机遇的原因之一。这不仅适用于国家之间，而且即使在同一企业内，由于公司上市后市场治理机制的作用增强，也会导致内部治理结构的相应调整，并且往往会造成分权化程度提高。

其次，不同的治理结构，筹集资金的方式及资金的获取的数量也非常不同。在国有独资企业中，创新项目资金非常有限。特别是在计划经济模式下，经常需要办理许多手续申请批准。程序不仅烦琐，而且金额不一定能够满足公司的实际需要。时间和金钱的限制往往会延迟创新项目的时间。随着企业改制的进行，许多国有企业在股份制改革后从资本市场获得了大量资金，企业可以根据战略规划自由分配。

治理机制也影响管理人员或其他创新者的人力资源供应。日本的内部治理模式倾向于从内部选择管理人员，并且通常由经过培训的工程师进行管理；而英美外部治理模式更倾向于从管理市场选择管理人员。随着外部市场治理机制的成熟，能够为企业提供创新所需的具有专业技能的人才。

这两个完全不同的来源将不可避免地导致公司运营方式的差异。前者的优势在于高级管理者熟悉公司业务并具有强烈的文化认同感。缺点是很容易接触到既定的思想，很难创造创新的火花。相反，后者具有丰富的人才市场，企业可以根据创新项目的具体需求及时招聘必要的人才。这些人正在为公司注入新鲜血液，这很容易激发创新灵感，但他们对于公司的认同感不如前者强，他们倾向于与业主相反的机会主义行为。

（二）公司治理影响企业创新的绩效评价

通过外部市场来评估创新绩效，因为股市受多种因素影响，一些只反映了经济和市场的短期模式和总体水平，而不是公司自身的表现。特别是我国由于市场经济发展不成熟，法制不健全，真正反映公司在股票市场上的经营业绩更加困难。当然，观察股市的长期走向可能会产生一些积极作用。

仅仅依靠公司的财务报表进行评估显然也是不可取的。一个是通过公司声明获取信息通常需要到年底，因此便不可能对具体运营甚至战略进行及时和准确的评估，并且无法评估公司的特殊无形资产。另一方面，以财务业绩为指标对高级管理者进行考核也会使他们趋向可衡量的短期回报项目，同时绕过具有长期风险的项目。此外，计算报表条款的会计准则存在问题。例如，这种方法不能反映以增加社会成本为代价的绩效。这种创新方法将不可避免地损害公司的长期价值。所以这种做法可以让运营商享有更大的决策空间。从另一个角度来看，他们的行为也更容易失控。这也是格鲁—撒克逊体系等国家更容易出现由于高级管理者不道德行为引发公司治理危机的现象的原因之一。

还有一种方法是可以通过董事会。在大股东直接参与公司治理的过程中，由于其对董事会具有一定的控制和管理作用，因此其属于公司的内部力量，通过这种方式，他们可以从公司内部的常规董事会会议或管理团队中获取所需的信息，并据此评估创新绩效。这种方法在日本和德国等国家普遍使用。

第三节 公司治理结构对企业创新的影响

一、对创新资源的影响

从资源的角度来说，企业创新所需要的资源包括资金资源、管理者和创新人才等人力资源、创新的最初理念等。企业创新所需要的这些资源，与公司治理结构具有密切的联系。从资金资源上来说，企业创新活动的开展需要大量的资金，而企业可以通过股权和债务的方式筹集企业创新所需的资金。但是由于企业创新的长期性，使得企业创新投资难以在短期内获得回报，而债务筹集的方式会对企业的经营带来巨大的压力。由于企业创新存在较高的风险性，使得拥有严格审计程序的银行不愿为风险较大的企业创新提供融资支持。因此，股权融资就成为企业创新获取资金的主要方式。公司治理结构下股权结构的不同，又会对企业创新资金的融资造成一定的影响。若公司股权结构较为分散，小股东更关注于股价的变化，因此小股东普遍采用"用脚投票"的方式，对高级管理者的创新行为进行约束。若股权集中程度较高，大股东拥有较多的权利，并影响着对高级管理者创新行为的激励。

从企业创新所需的管理者和创新人才等人力资源来说，虽然企业创新的决策是由董事会制定的，但是创新活动的具体实施还需要管理者和创新人才的参与。企业创新活动具有复杂性高、变化性强等特点，企业创新活动的开展面对的是不断变化的外部环境。因此需要管理者发挥相应的作用，以保证企业创新活动的顺利进行。管理者在企业创新中发挥的作用主要包括收集和分析市场信息、对股东的利益负责、负责企业创新活动相关人员的组织协调工作等。而创新人才则是企业创新活动的直接实施者，他们的能力水平直接决定着企业创新活动的成效。

最后，创新触发作为创新最初的想法，决定着创新的存在及方向，同样也深受治理结构的影响。

一般来说，企业创新是由三种主体提出的，他们分别是高级管理者、企业创新人员、客户，其中基于高级管理者和创新人员所提出的创新是一种主动的创新，基于客户提出的创新是一种被动的创新。高级管理者负责企业的经营和管理，企业的目标是实现长期的发展，高级管理者对企业的经营和管理需要以此为目标，对于企业来说，创新是实现企业长期发展的重要途径，因此高级管理者为了企业的长期发展而主动提出企业创新。作为创新人员，其主要的职责就是推动企业创新的开展和实施，因此其本身具有一定的创新的知识储备和才能。他们在企业内部，通过相关信息的获取，对企业的各项资源进行整合，并结合自身的知识储备，开展与企业创新的相关活动。由于创新人员主要活动在企业内部，因此其与外部的市场环境联系不紧密。客户是市场关系的重要组成部分，他们是市场产品的需求者，随着市场的发展变化，客户也对产品产生了新的需求。企业为了产品的销售，必须满足客户新的需求，从而对产品进行创新，因此这种企业创新是被动进行的。基于客户所提出的创新虽然与市场有着密切的联系，但是其也存在着可行性差或成本较高等不足之处。因此企业在进行创新活动时，必须结合高级管理者、创新人员、客户关于创新的相关信息，从而制定出最优的企业创新策略。

二、对创新动力的影响

企业创新的实施具有较大的风险性，在创新实施过程中常常会遭遇各种困难。因此，作为一项长期活动，必须具有充足的动力支持，才能保证企业创新的顺利完成。企业创新的动力支持主要来自薪酬和声誉的激励，以及市场给予的压力。

薪酬激励是企业创新最大的动力来源。薪酬激励是一种公司内部治理结构的激励机制，其作用对象主要是公司内部治理结构中各参与者，即股东、董事会、高级管理者等。对于股东和董事会来说，其拥有企业的所有权，因此企业发展的利益与其个人利益相一致，因此为了实现自身利益的最大化，股东和董事会十分重视企业的长期发展。创新不仅是促进企业长期发展的重要活动，而且创新活动能够为企业带来巨大的利益回报。因此，在这种高回报的激励下，股东和董事会积极推动企业的创新活动。对于高级管理者来说，其薪酬的获得是一定的，而创新作为一项长期活动，无论成功与否，都与高级管理者的利益关系不大，同时，由于企业创新具有较高的风险性，一旦企业创新失败，还会对高级管理者的个人利益造成一定的影响。因此，高级管理者对于企业创新的积极性不高。通过薪酬激励机制的建立，高级管理者的个人利益与企业的利益形成了紧密的联系，实现了企业利益的最大化也就实现了高级管理者个人利益的最大化，这样也就使得高级管理者有了充足的动力开展创新活动。

根据马斯洛的需求理论，人们在物质需求得到满足后，会追求更高层次的精神满足。对于高级管理者来说，其拥有较高水平的收入，能够满足其相应的物质需求，薪酬激励对其创新积极性的激励作用效果不大。这时，声誉激励机制能够使高级管理者创新成功后的声誉提高，满足了高级管理者更高层次的精神满足，使高级管理者能够通过企业创新得到自我价值的实现，从而激励高级管理者投入到企业创新活动中。声誉激励机制的建立需要企业营造尊重创新、重视创新的文化氛围，使高级管理者在创新活动中感受到自身的重要意义，否则即使企业投入再多的资金，也难以充分调动起高级管理者创新的积极性。

市场的外部压力也是推动企业创新的重要动力。随着社会经济的不断发展，市场竞争变得越来越激烈，企业要想在市场竞争中保证自己的生存，就必须培育企业的核心竞争力。因此企业想要获得生存所需的核心竞争力，必须依靠企业创新。激烈的市场竞争，使企业的生存感受到巨大的压力，迫使企业不得不开展创新活动以保证生存。

三、对创新策略的影响

在公司治理机制下，股东通过内部治理结构的激励机制将高级管理者的利益与企业利益联系起来，使高级管理者在创新高收益的吸引下积极开展企业创新活动。但是，创新除了高收益性之外还具有高风险性。创新的高风险性主要体现在创新活动本身的不确定性和引入创新项目后实施的管理风险。因此在高风险下，高级管理者会采取一定的措施对风险进行规避，在不同的风险规避措施下，高级管理者实施企业创新的路径也有所不同，具体主要包括以下三种方式。

第一种是通过实现规模收益的向外扩展规避个人风险。股东重视企业长期发展最主要的原因是希望通过企业的长期发展实现其利益的最大化。因此，对于企业的长期发展来说，虽然创新是一种最主要的途径，但是股东不可能实现对高级管理者创新行为的细化要求，这也为高级管理者规避创新风险提供了一定的条件。高级管理者可以通过实现规模收益的向外扩展或对非核心业务进行创新,以避免对企业核心业务的创新,从而既规避了个人风险,又满足了股东的利益需求,并通过利益的满足,转移了股东对于公司长期发展的关注。

第二种是追求多元化投资,避免非系统性风险。这种方式是一种避免"将鸡蛋放在同一个篮子里"的创新方式。从这一角度来说,尽管创新存在一定风险,但仍可以通过分散投资来减轻风险。尤其是当高级管理者迫于股东压力而开展较高风险的创新活动时,可以通过放弃集中投资,采取多元化投资的方式,对创新中的非系统性风险进行规避。

第三种是通过追求短期收益规避资金周转风险。由于创新具有高风险和长期性的特点,高级管理者更倾向于短期利益,因此,在投资过程中,高级管理者往往更愿意将大量资金投入到销售部门,通过销售的创新,实现公司利润的增加。这也造成高级管理者在投资中表现出倾向于利用投资在短期内获得收益而忽视难以在短期内获得收益的基础性投资的特点。对于技术创新来说,高级管理者更愿意通过技术模仿和引进的方式,带来企业利润的增加,但是这种方式不利于企业核心竞争力的增加。

不同的治理结构影响了高级管理者战略的制定和实施,反过来又对公司的创新产生了深远的影响。例如,在东南亚的"家族"公司治理模式下,企业对核心竞争力的保持更为关注,同时也表现出一定的扩张性。而在美国等发达的资本主义国家,由于其股票市场发展较为完善,股东通常采用"用脚投票"的方式维护自己的利益,因此也导致高级管理者在公司治理中更加注重短期利益。

第四节 公司治理结构对企业创新影响的实证研究

一、实验的模型构建与变量设定

(一)模型构建

本文利用面板数据模型考察公司治理结构对企业技术创新的影响,相关研究思路如下。首先,基于前人的研究成果并结合本文研究的需要,提出哪些公司治理结构因素会影响企业的技术创新能力和技术创新效率;其次,利用面板数据模型实证分析公司治理因素对企业技术创新的影响;最后,进一步考察技术密集型、劳动密集型、资本密集型行业的公司治理结构对企业技术创新的影响。

基于 Busse 和 Garcimartin 模型的改进,构建如下面板计量模型:

$$innov_{it}=\beta+\beta_1 shareholder_{it}+\beta_2 board_{it}+\beta_3 incentive_{it}+\sum_{i\geqslant 1}a_i controls_{it}+\varepsilon_{it}$$

模型的因变量包括企业研发投入强度；模型的自变量主要包括股东层面、董事会层面、监事会层面及激励机制等层面。相关控制变量选取那些可以有效反映公司基本特征的变量，相关变量的具体情况如下。

首先，因变量。企业的技术创新能力可以通过技术创新投入和技术创新产出两个方面予以反映，其中，常见的技术创新投入指标主要包括研发人员投入或者R&D课题投入经费、R&D经费内部支出、R&D课题投入人员等；技术创新产出指标主要包括就业人员专利申请数、就业人员专利申请授权数、科技本文发表数、新产品销售收入等指标。相比于技术创新产出指标，技术创新投入指标受外生因素的影响较小，因此，本书采用研发支出占总资产的比重（rd_ta）及研发支出占营业收入的比重（rd_in）两个指标来反映公司的研发投入强度。

其次，解释变量。公司治理变量可以有效反映其治理特征，基于前人的研究成果，本书从股东层面、董事会层面及激励机制等层面选择相关解释变量。

（1）股东层面

①股权集中度在某种程度上会对公司治理当中的委托代理问题产生影响，用第一大股东持股比例（$sh1$）和第一大股东持股比例的平方（s_sh1）来测度股权集中度。②股权性质。民营和外资企业的技术创新投入一般会高于国有企业（赵洪江，2008），同时引入第一大股东的背景及其持股比例的交叉项（$sh1state$），同时考察股权性质和股权集中度对技术创新的影响。③股权制衡度。公司控制权由几大股东分享，通过内部牵制防止单一股东单独控制公司决策，达到既能保留股权相对集中的优势，又可以有效抑制大股东侵害公司利益。本书选取第二至第十大股东持股比例（$sh2\_10$）之和及各年年末证券投资基金持股比例相加总数据（$fund$）两个指标来衡量股权制衡度。

（2）董事会层面

本书采用三个指标予以测度：①董事会规模（$board$）。适度的董事会规模有助于提升公司的决策效率，本书选取董事会总人数的对数值来表示董事会规模。②董事会结构。独立董事一方面可以制衡内部董事，另一方面可以防止公司管理层的短视行为，有助于公司制定更加符合现实状况的技术创新战略，提升企业的技术创新能力和技术创新效率（Zahra，2000）。本书以独立董事占董事会的比重来表示（$indepen$）。③董事长与总经理的两职设立情况（dir_ceo）。如果董事长与总经理由一人兼任时为0，否则取1。

（3）激励机制层面

薪酬激励、股票激励、期权激励可以有效防止公司管理层的道德风险与逆向选择问题。①本书用董监高的年薪总额来测度薪酬激励（s_bsm，单位为亿元）。②用董监高的持股比例来衡量股票激励（r_bsm）。③公司通过设立期权激励，使高管更注重公司的可持续发展，提高企业的技术创新能力和技术创新效率，本书用核心技术人员所获得的期权占当年发行期权的比重来表示期权激励（tech）。

最后，相关控制变量。本书的控制变量包括资产总额（size）的对数；反映公司资产负债结构的资产负债率（lev）；实际控制人类型（actual），国有企业赋值为1，其他为0；行业虚拟变量（dum_industry），共包括12个行业的虚拟变量；年度虚拟变量（dum_year），共包含9个年度虚拟变量；企业年龄（age）；企业总资产水平的对数（totass）等指标。

（二）变量设定

本书结合中国上市公司的实际状况及数据的可获得性，选择面板数据模型进行回归分析。本书以2006～2015年沪深A股上市公司为研究对象，数据特点是"短而宽"，适合采用面板数据模型开展实证分析研究。面板数据模型同时包含了时间序列与截面数据信息，可以同时对比和实证研究时间和截面双重数据维度。与传统的分析方法相比，面板计量模型可以有效降低截面异方差和序列相关问题，参数回归结果更加符合现实。常用的面板计量模型包括固定效应模型和随机效应模型。本书采用hausman检验分析应当采用固定效应模型还是随机效应模型。在实证分析过程中，本书利用stata14进行数据的处理与分析。

二、实验数据来源与变量

本书以2006～2015年沪深A股上市公司为研究对象，相关数据主要来源于国泰安数据库和万德数据库。2006年起我国上市公司开始规范化地披露研发支出情况，相关的统计数据截至每年的12月31日。同时结合数据的可获得性和规范性：①剔除了那些没有研发支出的金融保险行会；②剔除了资产总额、企业名称、公司利润等缺失的数据；③剔除了上市不满一年或者中途退市的上市企业；④剔除了西藏上市公司的相关数据；⑤同时为了控制个别极端值的影响，本书前后1%的极端值进行winsor处理，得出1964家上市公司2006～2015年的非平衡面板数据共15 116个观测值。

三、计量实证分析

（一）描述性统计分析

书中主要变量的描述性统计分析结果如表 4-1 所示。从描述性统计分析的结果可以发现，研发费用占总资产的比重的均值为 1.5%，研发费用支出占营业收入比重的均值为 2.8%，两项指标的四分位数和标准差存在较大差异，表明上市公司研发强度差异较大。第一大股东持股比例、第二至第十大股东持股比重、基金持股占总股份比重、独立董事比重、董事会规模、两职设立情况等关键指标的标准差均存在显著差异，表明公司间治理结构差异、行业间特征均可能有不同的互动机制，因此，本书在实证分析的过程中应当区分和控制不同的行业特征。

表 4-1 主要变量描述性统计分析

变量名	变量说明	N	mean	sd	P25	P50	P75
rd_ta	研发费用/总资产	15 116	0.015	0.018	0.000	0.009	0.034
rd_in	研发费用/营业收入	15 116	0.028	0.028	0.000	0.016	0.039
sh1	第一大股东持股比重	15 116	0.376	0.157	0.259	0.381	0.542
sh2_10	第二到第十大股东持股比重	15 116	0.213	0.138	0.112	0.205	0.341
fund	基金持股占总股份比重	15 116	0.043	0.072	0	0.015	0.069
board	董事会规模	15 116	2.012	0.185	1.689	2.064	2.184
indepen	独立董事比重	15 116	0.369	0.053	0.091	0.333	0.674
dir_ceo	两职设立情况	15 116	0.769	0.422	0	1	1
s_bsm	董监高年薪总额	13 112	0.036	0.034	0.015	0.026	0.039
r_bsm	董监高持股比例总和	15 116	0.143	0.295	0	0.93	1.242
tech	核心技术人员的期权激励	15 116	0.036	0.147	0	0.047	0.573
size	资产总额的自然对数	15 116	7.659	1.194	6.852	7.740	8.296
lev	总负债/资产总额	15 116	0.514	1.332	0.009	0.653	0.973
actual	实际控制人的类型	15 106	0.441	0.496	0	0	1
age	企业年龄	15 106	13.112	6.212	1.932	14.789	25.963
dum_industry	行业虚拟变量	NA	NA	NA	NA	NA	NA
dum_year	年度虚拟标量	NA	NA	NA	NA	NA	NA

在激励机制层面，核心技术人员获得的期权占比的标准差也较大，上市公司对技术创新的重视程度在不同公司间存在显著差异，表明少数公司实施了股权激励，且力度很大。另外，上市公司中实际控制人的类型的均值为

44.1%，表明当前我国 A 股市场上接近一半的企业为国有性质，与第一大股东的情况基本类似。

（二）全样本回归结果

为了与原有的研究对比分析，以及与劳动密集型、资本密集型、技术密集型行业的回归结果对比，本书先不区分行业进行全样本回归检验公司治理结构对企业技术创新的影响，回归结果如表 4-2 所示。从回归结果可以发现，无论以研发费用占总资产的比重，还是以研发费用占营业收入比重测度的研发投入强度，董事会层面的回归结果并不显著。总体而言，董事会规模可以正向影响公司研发投入力度，董事长与总经理的两职设立情况对研发投入产生负向影响，独立董事的比例可以正向影响企业的研发创新投入，但变量回归系数并不显著。董事会层面相关回归系数并不显著的原因可能是在当前中国特殊的制度背景下，大多数上市公司并没有真正开展董事会建设，仅仅是为了满足监事会的要求，并没有真正发挥董事会在公司治理中的作用。因此，需要按照行业分类进行分行业回归，深入考察董事会对分行业技术创新的影响。

股东层面，第二至第十大股东持股比例（sh2_10）、基金持股比例（fund）的回归系数显著为正，表明适度的股权制衡度有利于企业技术创新的发展，解决委托代理问题，有助于企业加大研发投入力度。第一大股东持股比例及平方项的回归系数并不稳定；激励机制层面，董监高年薪总额、董监高持股比例总和、核心技术人员的期权激励等指标可以显著正向影响企业的技术创新能力，表明实施良好的激励措施有助于实现企业目标与个人目标相一致，可以有效减轻委托代理问题，有助于企业加大研发投入，提升企业的技术创新能力和技术创新效率。

表 4-2 公司治理结构对企业技术创新影响的全样本回归结果

Variable	rd_ta	rd_in
sh1	0.005 （0.89）	−0.025* （−1.94）
sh1state	0.009 （1.54）	0.015 （1.61）
s_sh1	0.016 （1.43）	0.037*** （2.94）
sh2_10	0.025*** （9.64）	0.025*** （6.78）

续表

Variable	rd_ta	rd_in
fund	0.023*** (6.56)	0.025*** (7.48)
board	0.003 (1.43)	0.002 (1.25)
indepen	0.008 (1.32)	0.004 (1.24)
dir_ceo	−0.002 (−1.25)	−0.003*** (−3.54)
s_bsm	0.123*** (11.74)	0.104*** (6.54)
r_bsm	0.001 (0.36)	0.015*** (4.34)
tech	0.009*** (5.91)	0.012*** (4.09)
size	−0.013*** (−11.22)	−0.007*** (−7.96)
lev	−0.002 (−1.21)	−0.025*** (−7.93)
actual	0.004*** (3.57)	0.005** (2.14)
age	0.064 (1.53)	0.034 (1.31)
intercept	0.065*** (4.23)	0.032*** (5.86)
industry	control	Control
year	control	control
N	15116	15116
Adj_R^2	0.403	0.596
F	142130	168.516

注：括号内的数字是 t 统计量，***，**，* 分别表示 1%、5% 及 10% 的显著性水平，回归结果用 stata14 做出。

（三）分行业回归结果

1. 行业聚类分析

不同的行业由于经营方式、要素密集度等存在差异，对研发创新的需求也不同，本书在实证分析过程中，参考鲁桐和党印（2014）的行业分类方法，依据研发支出比重和固定资产比重对不同行业样本的要素密集度进行行业聚类分析。本书在实证分析过程中参考证监会的细分行业分类，剔除金融行业后，并将制造业二级细分行业与其他行业进行并列，将最终的 21 个行业划分为劳动密集型、技术密集型及资本密集型三种。相关行业分类结果详见表 4-3。

在分析过程中依据研发支出比重及固定资产比重进行行业分类，具体计算公式如下。

研发支出比重 = 研发支出 / 应付职工薪酬

该式用于判别研发支出在生产要素中的地位，研发支出比重越高，表明劳动要素的比重越低，技术要素越重要，则该行业属于技术密集型产业，否则属于劳动密集型产业。

固定资产比重 = 固定资产净值 / 总资产

该式用于判别固定资产在生产要素中的地位，固定资产比值越大，表明资本越重要，则该行业属于资本密集型产业。

本文在分析过程中首先计算 21 个行业的研发支出比重及固定资产比重，并依据离差平方和的方法将 21 个行业分为 3 类。

表 4-3　按要素密度的行业分类

劳动密集型行业		资本密集型行业	技术密集型行业
A 农林牧渔业	E 建筑业	C3 造纸、印刷	C5 电子
B 采掘业	F 交通运输仓储业	C4 石油、石化、塑胶、塑料	C7 机械、设备、仪表
C0 食品、饮料	H 批发和零售贸易	C6 金属、非金属	C8 医药、生物制品
C1 纺织、服装、皮毛	L 传播与文化产业	J 房地产业	C9 其他制造业
C2 木材、家具	M 综合类	K 社会服务业	G 信息技术业
D 电力、煤气及水的生产和供应业			

本文依据研发支出比重和固定资产比重进行聚类分析得出分类结果，可以看出资本密集型行业和技术密集型行业企业较少，而劳动密集型行业企业较多，且各行业之间研发支出比重存在较大差异。

2. 分行业回归结果

本文在实证分析过程中按照要素密集度将全部样本分为三组，分别进行面板数据回归分析，在报告结果中并没有给出控制变量的回归结果，如有需要可向作者索取。

第一，公司治理要素开始体现其重要性，回归结果见表4-4、4-5、4-6。与全样本回归结果类似，不同行业中，第二至第十大股东持股比例（sh2_10）、基金持股比例（fund）、董监高薪酬激励三个变量均可以显著正向影响企业技术创新投入决策。其中，第二至第十大股东持股比例（sh2_10）的回归结果表明适度的股权制衡度有利于上市公司做出正确决策，从而提升企业技术创新能力和技术创新效率；基金持股比例（fund）系数无论是在资本密集型行业、技术密集型行业还是劳动密集型行业回归结果均显著为正，表明基金长期持股更有利于上市公司长期发展，从而提升公司技术创新能力；董监高薪酬激励也可以显著正向影响企业技术创新决策，即当企业高管目标和企业发展目标相一致时，可以有效减轻公司的道德风险与逆向选择问题，有利于企业的长远发展和技术创新能力的提升。

第二，不同行业的激励机制作用存在一定差异。技术密集型行业和资本密集型行业的持股比例及薪酬可以显著正向提升企业的研发投入强度；但劳动密集型行业的回归系数尽管为正，但并不显著。表明持股比例及薪酬激励在技术密集型行业和资本密集型行业中可以发挥重要作用，上市公司在追求长期目标时，尤其是涉及公司长远发展的技术创新投入决策时，薪酬激励效果要优于其他方式。而劳动密集型行业的回归结果虽然为正但不显著，其中可能的原因是劳动密集型企业并不需要很强的技术创新能力就可以实现可持续发展。

表4-4　劳动密集型行业回归结果

variable	劳动密集型	
	rd_ta	rd_in
sh1	−0.018 （−1.62）	−0.016 （−0.84）
sh1state	−0.001 （−0.08）	0.014** （2.06）
s_sh1	0.034** （2.09）	0.013 （0.47）
sh2_10	0.006** （2.09）	0.006 （0.65）
fund	0.013** （2.28）	0.007 （0.65）
board	0.003 （1.34）	0.003 （0.48）
indepen	0.005 （0.48）	0.007 （0.35）

续表

dir_ceo	−0.002 (−0.75)	−0.004* (−1.99)
s_bsm	0.021 (0.99)	0.027 (1.56)
r_bsm	0.009* (1.94)	0.009** (2.29)
tech	−0.006 (−0.43)	−0.008 (−0.95)
actual	−0.004*** (−2.57)	−0.005** (−2.16)
N	4992	4992
Adj-R^2	0.154	0.163

注：括号内的数字是 t 统计量，***、**、* 分别表示的是 1%、5% 及 10% 的显著性水平，回归结果用 statal4 做出。

表 4-5　资本密集型行业回归结果

variable	资本密集型	
	rd_ta	rd_in
sh1	0.013 (0.84)	0.013 (0.72)
sh1state	0.018** (2.75)	0.019** (2.84)
s_sh1	0.009 (0.56)	−0.008 (−0.64)
sh2_10	0.026*** (6.67)	0.034*** (6.43)
fund	0.032*** (3.65)	0.041*** (3.92)
board	−0.002 (−0.56)	−0.004 (−0.74)
indepen	0.032** (2.32)	0.025** (2.34)
dir_ceo	0.002 (0.09)	−0.004* (−1.99)
s_bsm	0.087*** (5.85)	0.083*** (3.85)
r_bsm	0.065 (1.26)	0.054** (2.49)
tech	0.012*** (3.84)	0.003 (1.35)

续表

actual	0.002* (1.57)	0.003* (1.14)
N	4177	4177
Adj-R^2	0.274	0.332

注：括号内的数字是 t 统计量，***、**、* 分别表示的是 1%、5% 及 10% 的显著性水平，回归结果用 stata14 做出。

表4-6 技术密集型行业回归结果

variable	技术密集型	
	rd_ta	rd_in
sh1	0.016 (1.35)	−0.046** (−2.35)
sh1state	0.001 (0.96)	0.003 (0.65)
s_sh1	0.008 (0.59)	0.075*** (3.89)
sh2_10	0.036*** (8.75)	0.043*** (8.45)
fund	0.035*** (6.84)	0.041*** (5.23)
board	0.004 (1.62)	0.004 (1.35)
indepen	0.006** (0.64)	0.008 (0.75)
dir_ceo	−0.002 (−1.35)	−0.004* (−2.43)
s_bsm	0.153*** (9.07)	0.184*** (6.38)
r_bsm	0.005 (1.08)	0.024*** (5.94)
tech	0.015*** (5.28)	0.014*** (3.68)
actual	0.009*** (5.34)	0.008** (4.19)
N	4177	4177
Adj-R^2	0.263	0.384

注：括号内的数字是 t 统计量，***、**、* 分别表示的是 1%、5% 及 10% 的显著性水平，回归结果用 statal4 做出。

第三，资本密集型行业的董事会规模影响与其他行业存在差异。与全样本回归结果类似，董事会结构（*indepen*）及董事长与总经理的两职设立情况（*dir_ceo*）在资本密集型行业、技术密集型行业、劳动密集型行业的回归结果均类似，董事长与总经理的两职设立情况均为负，不利于上市公司进行正确决策。但董事会规模（*board*）在资本密集型行业的回归结果为负但不显著，而在劳动密集型行业和技术密集型行业的回归结果却为正。

第四，总体而言，国有性质在技术密集型行业和资本密集型行业的回归系数均为正，只在劳动密集型行业的回归系数为负，这与以往的研究结果存在一定差异。

（四）稳健性检验

为进一步考察上述回归结果的稳健性，结合前人的研究成果，本文从多个视角进行了稳健性检验。①将被解释变量研发投入强度替换为人均研发支出（*rd_ep1*），该指标等于研发费用除以职工人数。②用核心技术人员激励占股本的比重（*tech1*）替代核心技术人员的期权激励指标（*tech*）。③在全样本回归过程中用聚类稳健标准误等（潘越，2015）。后面两种方法的回归结果与第一种类似，限于篇幅，本文在此仅汇报第一种方法的回归结果，如有需要可向作者索取。

稳健性检验结果表明，人均研发支出（*rd_ep1*）替代研发强度后，虽然劳动密集型、资本密集型、技术密集型回归方程的拟合优度均有所下降，但公司治理结构对企业技术创新影响的基本结论仍然一致。

表 4-7 的回归结果表明无论是劳动密集型行业还是资本、技术密集型行业，第二至第十大股东持股比例（*sh2_10*）、基金持股比例（*fund*）、董监高持股比例总和的回归系数均显著为正。另外，在资本与技术密集型行业中，实际控制人的类型、董监高薪酬总和均显著正向影响人均研发支出。

表 4-7 稳健性检验：人均研发支出替代研发投入强度

variable	劳动密集型	资本密集型	技术密集型
sh1	−0.028** (−2.09)	0.032 (1.56)	−0.021* (−1.98)
sh1state	−0.023 (−1.62)	0.034** (2.56)	0.013 (1.27)

续表

variable	劳动密集型	资本密集型	技术密集型
s_sh1	0.036* (1.85)	−0.034 (−1.39)	0.043*** (2.85)
sh2_10	0.006 (0.75)	0.023*** (3.95)	0.019*** (4.98)
fund	0.019** (2.56)	0.037*** (3.43)	0.019*** (2.89)
board	0.007 (1.05)	−0.006 (−1.25)	0.007 (1.45)
indepen	0.018 (1.46)	0.029** (2.45)	0.019** (2.16)
dir_ceo	−0.006 (−1.49)	−0.009** (−1.79)	0.004 (0.89)
s_bsm	0.046 (1.52)	0.048** (2.32)	0.136*** (4.96)
r_bsm	0.024** (2.37)	0.021** (2.53)	0.009* (1.69)
tech	−0.008 (−1.09)	0.009 (1.35)	0.012*** (4.37)
actual	−0.003** (−2.12)	0.006*** (2.58)	0.004** (2.32)
N	4991	4174	5945
$Adj\text{-}R^2$	0.097	0.231	0.324

注：括号内的数字是 t 统计量，***、**、* 分别表示的是1%、5%及10%的显著性水平，回归结果用 stata14 做出。

（五）结论

上述实证分析结果表明公司治理对劳动密集型、资本密集型、技术密集型行业的技术创新的影响既存在相同点，也存在一定的差异。同时将影响企业技术创新的多种因素综合起来，考察了他们之间的互动关系。进一步拓展了鲁桐和党印（2014）及克拉佩尔（2004）的研究成果。具体而言，鲁桐和党印（2014）的研究结果表明，不同行业中公司治理对企业技术创新的影响既存在相同点也存在差异性，应结合不同行业的特点开展公司治理活动，从而有效发挥其对技术创新的促进作用。本文的具体结果如下：

首先，从行业特点来分析，劳动密集型行业对技术创新的依赖程度最低，而技术密集型行业对技术创新的依赖程度最高,资本密集型行业居中。具体而言,技术密集型行业中,技术创新活动是一个企业赖以生存的基础,而劳动密集型行业和资本密集型行业中,技术创新并不是最重要的,公司的核心竞争力是商业模式、资源渠道等。公司治理是否完善,其中的关键因素是股东层面,其次是董事会层面,最后才是管理层激励层面,其他因素如内部控制、信息披露等主要受股东层面的制约,因此,公司治理中最重要的是股东层面。

其次,股权结构方面,对于所有行业而言,第二至第十大股东持股比例(sh2_10)、基金持股比例(fund)的回归系数显著为正,表明适度的股权制衡度有利于企业技术创新的发展,解决委托代理问题,有助于企业加大研发投入力度。另外,基金持股可以正向显著影响企业技术创新,表明已经逐渐形成了基金的投资价值理念,有利于公司技术创新的开展和获得持久的收益。另外,激励机制层面,董监高年薪总额、董监高持股比例总和、核心技术人员的期权激励等指标可以显著正向影响企业的技术创新能力,表明实施良好的激励措施有助于实现企业目标与个人目标相一致,可以有效减轻委托代理问题,有助于企业加大研发投入,提升企业的技术创新能力。对于不同的行业而言,结果存在较大差异。第一,对劳动密集型行业而言,公司治理因素可以有效保证技术创新的投入和技术创新的基本方向。第二,对资本密集型行业而言,国有第一大股东持股比例可以正向影响研发投入,其中可能的原因是该行业需要大量的研发资金投入。第三,对技术密集型行业而言,技术密集型行业的持股比例及薪酬可以显著正向提升企业的研发投入强度;表明持股比例及薪酬激励在技术密集型行业中可以发挥重要作用,上市公司在追求长期目标时,尤其是涉及公司长远发展的技术创新投入决策时,薪酬激励效果要优于其他方式。

最后,实际控制人的类型对于劳动密集型、资本密集型、技术密集型行业技术创新的影响存在显著差异。对于劳动密集型行业而言,国有性质的企业缺乏技术创新的动力,但对技术密集型行业而言,如果实际控制人为国有企业性质则有利于企业技术创新能力和技术创新效率的提升。这一回归结果表明,国家十分关注高科技行业,使国有资本更多地向资本密集型行业集中,同时在开展高风险的研发活动中,相对于民营资本,国有资本具有更强的抗风险能力。此外,对于那些更多依赖技术创新的行业,需要更多的公司治理安排才能有效提升企业的技术创新能力和技术创新效率,同时激励因素对于这些行业技术创新的重要性日益凸显。

第六章 内部治理结构与企业创新

公司的内部治理结构包括股东（大）会制度、董事会制度、激励制度等，其中激励制度又分为对公司经营管理者的激励制度和对公司员工的激励制度。要发挥内部治理结构对企业创新的推动作用，首先应对公司内部治理结构进行充分的了解，完善相关制度的建立和实施，保证内部治理结构的有效实施，只有这样才能够保证内部治理结构中各个角色作用的发挥，积极推动企业创新。

第一节 内部治理结构概述

一、股东大会制度

（一）股东权利

股东权利是指根据《公司法》注册的公司的所有者或公司财产持有人的权利，以及用于行使权利的方法和程序。在所有权、财产权和投资者权利方面，股东权利是最清晰和最明确的权利。股东的权利受法律规定，因此不同国家的股东权利可能有所不同。即使在同一个国家，不同类型公司的股东权利也不尽相同。在我国，股东主要享有以下权利。

①知情质询权。有限责任公司股东有查阅和复制公司相关会议资料的权利，这些资料包括股东大会会议记录、董事和监事会的会议决议、财务会计报告。股东能够查阅的资料还包括公司章程、股东名单、公司债券存根等。股东还拥有对公司的经营管理提出建议和质询的权利。对于公司监事会提出的公开公司运行情况及相关资料的要求，董事会和高级管理者必须满足，并提供真实准确的相关信息，不能阻碍监事会及其人员正当权利的行使。作为股东有权了解董事、监事和高级管理者的薪酬情况。股东大会有权要求董事、监事和高级管理者出席股东大会，并有权利对他们提出质询。

②决策表决权。股东有权亲自或委托他人代表参加股东大会，并根据投资比例或其他协议行使表决权和讨论权。《公司法》还授予要求取消违规决

议的权利。

③选举权和被选举权。股东有权选举和被选举为董事会成员、监事会成员。

④收益权。股东有权依照法律、法规、公司章程规定获取红利，分取公司终止后的剩余资产。

⑤强制解散公司的请求权。《公司法》第183条规定，公司经营管理发生严重困难，继续存续会使股东利益受到重大损失，通过其他途径不能解决的，持有公司全部股东表决权10%以上的股东，可以请求人民法院解散公司。

⑥股东代表诉讼权。"股东代表诉讼"，是指公司的董事、监事和高级管理人员在执行职务时违反法律、行政法规或者公司章程的规定，给公司造成损失，而公司又怠于行使起诉权时，符合条件的股东可以以自己的名义向法院提起损害赔偿的诉讼。

⑦优先权。股东在公司新增资本或发行新股时在同等条件下有认缴优先权，有限公司股东还享有对其他股东转让股权的优先受让权。

⑧临时股东会的提议召集权。

⑨公司章程规定的其他权利。

（二）股东大会的召开形式

股东大会每年召开一次。一般由董事会组织，董事会主席是会议的当然主席。当股东必须达到一定的法定人数时才能召集。法定人数的要求因国家而异，计算方法不同。有些是根据股东人数的比例确定的，有些是由股权比例决定的。股东大会前，董事会应按照《公司法》或公司章程的规定书面通知股东，并在会议召开前几天公布会议日期、地点和议程。

股东大会分为年度会议和临时股东大会。年度会议通常在公司财年结束后六个月内举行。临时股东大会按照公司章程、股东大会议事规则等规定，根据合资格股东、董事（或董事会）和监事（或监事会）的建议召开。根据《公司法》第四十条的有关规定，在下列具体事项发生后的两个月内，应召开临时股东大会：超过十分之一的股东投票，超过三分之一的董事或监事会提议召开临时会议的，应当召开临时会议。根据我国《公司法》的有关规定，在下列具体事项发生后两个月内召开临时股东大会：董事人数少于法定最低人数，或少于公司章程中规定数量的三分之二时；公司未弥补亏损占公司总股本的三分之一时；监事会拟召开时；公司章程规定的其他情形。

（三）股东大会的特征与职能

1. 股东大会的特征

股东大会是公司内部的最高权力机构。许多国家的公司法将股东大会界定为公司的最高权力机构，依法形成的股东大会决议在公司内部具有至高无上的地位。

股东大会是公司的非常设机构。股东大会只是公司的最高决策机构而不是日常业务执行机关或代表机关，除了每年的例行年会和特别会议外，是找不到其踪影的。

2. 股东大会的主要职能

根据我国《公司法》第三十八条的规定，股东会行使下列职权：决定公司的经营方针和投资计划；选举和更换非由职工代表担任的董事、监事，决定有关董事、监事的报酬事项；审议批准董事会的报告；审议批准监事会或者监事的报告；审议批准公司的年度财务预算方案、决算方案；审议批准公司的利润分配方案和弥补亏损方案；对公司增加或者减少注册资本做出决议；对发行公司债务做出决议；对公司合并、分立、解散、清算或者变更公司形式做出决议；修改公司章程；公司章程规定的其他职权。

我国《公司法》第一百条同时规定，本法第三十八条第一款关于有限责任公司股东会的职权适用于股份有限公司股东大会。因此，股东大会与股东会的基本职能一致。

二、董事会制度

（一）董事会及其职责

1. 董事会及其形成

董事会是按照公司章程设立的，由全体董事依据有关法律、行政法规和政策组成的商业执行机构。股份有限公司董事会由股东大会选举产生的董事组成。董事会是股份有限公司的执行机构，实行公司股东大会决议，内部管理公司事务，对外代表公司。此外，董事会也是股份有限公司的必备组织。我国有关法律高度重视股份有限公司董事会的地位，认为它既是公司的执行机构，又是公司的集体领导。其领导水平对公司的稳定发展起着决定性的作用。

董事会与股东大会之间的关系实际上是代理与被代理、被委托与委托的关系。董事会是公司的正常制度，股东大会（或股东大会）只在特定的时间举行。换言之，股东大会只会在某些时候行使其权利。委托董事会管理公司的通常是股东大会。董事会委托经理和副经理执行公司的日常管理。董事会决议必须符合股东大会的决议。如有冲突，以股东大会决议为准。股东大会可否决董事会决议。董事会由股东大会（或股东）选举产生，根据公司法和公司章程行使董事会的职权，实施股东大会决议。是股东大会的代理机构，代表股东大会（或股东大会）行使公司的管理权力。

作为公司董事会，其形成有资格上、数量上和工作安排上的具体要求，也有其具体职责范围。

从资格上讲，董事会的各位成员必须是董事。董事是股东在股东大会上选举产生的。所有董事组成一个集体领导班子成为董事会。

从人员数量上说，董事的人数不得少于法定最低限额，因为人数太少，不利于集思广益和充分集中股东意见。但人数也不宜过多，以避免机构臃肿，降低办事效率。因此公司应在最低限额以上，根据业务需要和公司章程确定董事的人数。由于董事会是会议机构，董事会最终人数一般是奇数。

从人员分工上说，董事会一般设有董事长、副董事长、常务董事。人数较多的公司还可设立常务董事会。董事长和副董事长，由董事会成员过半数互相选举产生，罢免的程序也相同。

在董事会中，董事长具有最大权限，是董事会的主席。

2. 董事会的类型

董事会是由股东会选举产生的，由全体董事所组成的，行使公司经营管理权的，集体决定公司业务执行意志的机关。作为公司权力代表的董事会应该通过决策和监督职能最大限度地维护包括股东在内的公司所有利益相关者的利益。因此，如何发挥董事会的作用，强化董事会的职责和提高董事会的效率已成为公司治理机制的核心问题。

全美董事联合会咨询委员会（NACD）将公司治理的目标定义如下：公司治理要确保公司的长期战略目标和计划被确立，以及为实现这些目标而建立适当的管理结构（组织、系统、人员），同时要确保这些管理结构有效运作以保持公司的完整、声誉，以及它的各个组成部分负责任。

NACD的这个定义实际上是将公司的董事会看作治理结构的核心，是针对不同类型的董事会功能而言的。NACD根据功能将董事会分成四种类型。

①底线董事会：这种类型的董事会仅仅为了满足法律上的程序要求而存在。

②形式董事会：这种类型的董事会仅具有象征性或名义上的作用，是比较典型的橡皮图章机构。

③监督董事会：这种类型的董事会检查计划、政策、战略的制订、执行情况，评价经理人员的业绩。

④决策董事会：这种类型的董事会参与公司战略目标、计划的制订，并在授权经理人员实施公司战略的时候按照自身的偏好进行干预。

我国的董事会既包括法定董事会也包括临时董事会。我国《公司法》规定，股份有限公司董事会每年至少召开两次会议，每次应当在会议召开十日前通知全体董事、监事。代表十分之一以上表决权的股东，三分之一以上董事或监事会可提议召开临时董事会会议。董事长在收到提案后十日内召集并主持董事会。当董事会召开特别会议时，董事会可以决定召集董事会的方式和通知的时间限制。

（二）董事及其职责

董事是指公司股东大会选举产生的具有管理公司事务的实际权力和授权的人员，是公司内部治理的主要角色。其在公司内部管理公司事务并代表公司进行经济活动。担任董事的人可以是自然人或法人。不同的国家在这个问题上有不同的规定。例如，美国、德国、奥地利、瑞士等国规定，董事必须是自然人，法人不能担任董事；英国、比利时、荷兰及中国香港和台湾地区规定法人可以担任董事，但他们必须指定一个有能力的人作为其常任代表。董事是董事会成员。他们是公司重大决策的制定者和参与者。董事是公司财产的受托人，但董事并不以自己的名义持有受托的公司财产，而是以公司的名义持有托管的公司财产。公司还将业务风险和利润原则作为董事托管公司资产的基本原则。

股份有限公司的董事由股东大会选举产生，可由股东或非股东持有。董事的任期一般在公司的内部章程中予以规定。董事的任期一般有两种类型，既定期和不定期。在定期形式下，董事的任期是一定的，一般每届任期最多是3年。不定期是指从任用期限届满之日起重新选举，但可以连任三年。董事被解雇的原因包括：第三届任期届满后连任失败；董事出现违反股东大会决议的行为；公司股份转让；董事个人辞职等。此外，董事行为能力丧失及企业破产等突发事件的出现也会导致董事的离职。

董事可分为内部董事、外部董事和执行董事及非执行董事。其中，内部董事是指那些也是企业雇员的董事。外部董事是那些不属于公司员工的人。执行董事是一位兼任该公司高级经理的董事，他们既参与董事会的决策，也参与执行董事会在其管理职位上的决策。很显然，技术总监董事属于内部董事。总经理不可避免地也成为内部董事，因为他是公司日常业务中的关键人物。内部董事中也可能有几位副总经理。这些公司管理人员参与董事会，可以帮助外部董事直接联系管理人员，深入评估管理的有效性。内部董事在董事会中的比例不同。日本大多数公司的董事会由内部董事组成。非执行董事是指在战略管理、财务、投资、金融、法律和公共部门方面具有专业知识的外部知名人士。他们通常是其他公司的专家、学者或总裁及董事会主席。他们只参与董事会的决策，不参与高级管理层决策的执行。非执行董事显然包括外部董事。此外，兼任公司中低级管理人员或普通员工的董事也被视为非执行董事。

在实践中，中低级管理人员或普通员工担任董事的情况比较少见。一般而言，内部董事和执行董事、外部董事和非执行董事几乎具有相同的含义。

（三）经理人

经理人的主要职能是协助法定业务执行机构执行业务，并执行董事会决定的程序。这不是公司的强制性建立，公司可以根据具体情况确定是否设置。

经理人和公司之间的委托关系是有偿的。委托经理人所应付薪酬的数额及分配方式由董事会的特别决议决定。值得注意的是，这里提到的经理人可以指总经理、经理、副总经理、副经理等。通常公司的经理人数不确定，公司可以根据具体情况进行相应的设置。经理人的任期不得超过董事会的一届任期，具体由公司章程决定。

三、高级管理者

（一）高级管理者概述

作为公司治理的执行机构，管理层由高层管理人员组成，如总经理、副总经理和总会计师。他们受董事会雇用，并有权在董事会的权力范围内管理和委托公司事务，处理公司的日常业务。作为公司治理结构链的中心环节，管理人员在公司管理实践中的特殊地位决定了他们是公司内部和外部信息的接收和过滤中心，并且管理人员比任何其他环节的公司治理结构更详细了解公司的整体资源使用情况和运营绩效。董事会一般包括管理董事。因此，尽管大多数国家的董事会是公司的真正战略决策者，而经理人只是战略的执行者，但由于上述特征的存在，许多具体的业务战略决策最终将来自经理人，董事会和管理层之间也进行了一些重大决策，并共同制定。除了管理和管理决策之外，公司的经理是所有决策的具体实施者和风险控制者。他们不仅是公司的经营和管理者，还是企业文化、道德和价值观的代表和领导者。管理风格常常决定公司的发展目标和战略方向。由此可以看出，管理层对公司的业务管理和绩效起着重要作用。

在委托代理理论有限理性和经济人自利的假设前提下，经理层在进行经营决策时存在几乎不可避免的机会主义，可能还要考虑个人权力、个人经济利益、社会地位、个人成就感及个人的工作保障程度等因素，并不是始终围绕股东利益最大化的目标，而是选择有利于实现个人目标的战略，因此有可能损害股东和其他利益相关者的利益，影响企业绩效和长期发展。例如，经理人员为实现自身利益，过度增加自己的报酬；为提高个人社会地位、权力和工作成就感而盲目进行购并以扩大企业规模；为保障自己的工作而拒绝实施有风险的经营决策，等等。因此，尽管在委托代理理论中，公司权力的分配机制主要考虑股东大会和董事会之间的权力制衡，受董事会指导的经理层未有明确的权力定位。但在现实经济生活中，由于经理层逐渐掌握了公司的主要经营管理权而成为掌握公司控制权的主要群体，所以高级管理者的治理是公司治理结构中约束与激励的中心和主要的研究内容。

（二）内部治理的高级管理者股权激励机制

1. 实行高级管理者股权激励制度的理论基础

经理和股东之间的关系实际上是一种委托代理关系。股东委托经理管理资产。实际情况下，在委托代理关系中，由于信息技术的对称性，股东与经理人之间的契约并不完整，需要依靠管理者的道德自律。股东和经理追求的目标不一致。股东们希望他们持有的股权价值能够最大化，管理人员希望最大限度地发挥自己的效用。因此，股东和管理者之间存在着"道德风险"，需要通过激励约束机制来引导和限制管理者的行为。

在不同的激励方式中，工资是根据高级管理者和公司的资质预先确定的，并且在一定时期内相对稳定。因此，高级管理者的工资收益与公司业绩的关系并不是非常接近。通常基于财务指标的评估来确定高级管理者的收入。因此，它与公司的短期业绩密切相关，但与公司的长期价值关系并不明显。高级管理者可能会牺牲公司的长期利益以实现自己短期利益的最大化。然而，从股东投资的角度来看，他们关注公司的长期价值。尤其对于成长型企业来说，高级管理者的价值更多是为了实现公司长期价值的增长，而不仅仅是实现短期财务指标。

为了让高级管理者关心股东的利益，高级管理者和股东的利益需要尽可能一致。在这方面，股权激励是一个更好的解决方案。通过允许高级管理者在一段时间内持有股权，享受股权的增值收益，并在一定程度上承担风险，使高级管理者可以更关注公司在业务流程中的长期价值。股权激励在防范高级管理者的短期行为和指导其长期行为方面具有良好的激励和约束作用。

2. 股票期权激励与其他激励机制之间的关系

当前，对于高级管理者的股权激励的理解存在一定的误区，并将其余股票期权制混淆。在市场经济条件下，高级管理者股权激励的主要形式包括高级管理者持股、股票期权。运营商持股的特点主要表现在以下几方面。

①高级管理者获得公司股票需要其个人出资，出资方式可以是现金支付也可以是低利息或贴息贷款。

②高级管理者持有公司股票后享有的权利包括分红、表决、交易、转让、变现、继承等。

③高级管理者所持有的股票可以在短期内变现。

④高级管理者持股使其承担着一定的风险，一旦企业管理遭遇困难，自身的利益也将受损。

经营者持股的好处是使高级管理者通过较少的出资购买公司的股票，将高级管理者的个人利益与企业的整体利益联系为一个整体，从而有利于调动高级管理者真正为企业的长期发展服务。

持股的弊端也是显而易见的。首先，高级管理者总希望增加股利，从而导致其增加短期利益项目的行为，不利于企业的长期发展。其次，运营商高级管理者持有的股票享有各种权利。如果他们的股权过大，他们在一定程度上会背离分享经营权和所有权的分离原则。最后，为了增加利润和扩大分红，高级管理者可能采取牺牲员工利益（如降低员工工资）的行为来确保他们的个人投资回报。

期股是指企业投资者和经营者确定的股东价格，高级管理者在任期内以各种方式（个人出资、贷款、奖励转换等）获得的一定份额的公司股票。在兑现前，股票只享有股息等部分权利，投票收益是中长期奖励的激励手段。

期股兑现是一种激励方式。期股主要具有以下特点：首先，股票来自各种渠道，可以通过个人捐款或通过贷款购买，并可以通过延迟支付年薪收入（或特殊奖励）进行转换。其次是股票收益将在中期和长期内兑现，这可以是期限届满或任期届满后的一次性兑现期，也可以是每年按照一定的比例匀速兑现或者加速兑现。

期股最大的优势在于短期内实现高级管理者难以兑现的股票收益，而股票的增值与公司资产的价值和收益的增加密切相关。这将促使高级管理者更加关注公司的长远发展。这在一定程度上解决了运营商的短期行为。"年薪制+期间份额"的新激励模式越来越受到众多公司的认可，逐渐成为实行年薪制后对运营商实施长期激励的有效措施。股票的第二大优势是运营商的中长期股票收益，这将使运营商获得渐进和分散的收益。这在一定程度上解决了一次性薪酬造成的矛盾，使得高级管理者与员工之间的收入差距过大的矛盾得到一定程度的解决，有利于稳定。第三大优势是可以有效解决运营商购买股票的融资问题。由于我国企业长期实施低工资政策，高级管理者总体收入水平不高，花费大量资金购买股票对其来说相对困难。在此期间获得股票的方式多样化使得高级管理者可以在不需要花费太多时间购买股票的情况下持有股票，从而实现了激励高级管理者更努力地工作，并满足其获得未来股票和收益的意图。

对于期股和期权必须进行明确的区分。事实上，两者之间有很大的区别。首先，股票是当前购买，未来股票权利受到尊重，期权是未来购买，购买时间也是权利得到尊重的时候。其次，股票可以用于投资或通过奖励、礼品等方式获得。最后，在经营者获得一定期限的份额之后，个人已经支付了一定的资金。股票在到期前不能转移和实现。因此，股票有激励和限制，经营者在获得期权后，只获得权利，不支付任何资金。如果股票价格在行驶时下跌，运营商只需要放弃权利的行使，个人利益不受损害。因此，股权只侧重于激励。同样，运营商的股权和股票期权系统概念也不完全相同。广义的高级管理者持股包括股票期权，但狭义的高级管理者持股和股票期权是完全不同类型的股权激励。

3. 高级管理者股权激励制度的实施

①成立薪酬管理委员会或股票期权管理委员会。在董事会的直接管理下，委员会有权决定授予的对象、授予的额度及授予时间等事项，并负责突发事件的处理，其拥有对股票期权计划的解释权。根据该公司扩大股票的计划，当公司增加资本并扩大股份时，公司需要预留一部分普通股票作为股票期权的可用股票。

②确定股票期权的价格、执行模式和有效期。股票期权的认购价格可能会受到股票期权合同签署日之前一段时间内股票的平均市场价格的干扰。股票期权的实施包括均匀的速度和加速。统一费率法是在股票期权有效期内每年执行相等期权的方法；加速法是指随着年数增加，可执行选项的比例逐年增加的方法。与匀速法相比，加速法可以进一步保护公司的长远利益。股票期权有效期为合约签署后的5～10年或经理离开公司之前。由于管理者与中小股东之间存在信息不对称，管理者应该行使有限的时间行使股票期权，公

司应披露这些股票的交易。

③应该注意的是，当公司发行股票发行、配股或分割股票时，应调整股票期权。当高级管理出现违法行为，公司有权收回未执行部分的股票期权。当股票价格低于行权价格时，通常不允许重新选择股票期权。

一般情况下，实施股票期权计划的公司应该是上市公司。这将使股票在行使期权后更容易出售和交易股票，并且价格对交易中涉及的各方都是公平的。上市公司股票的市场价格是股东的利益。这是一个对公司运营各方面都很敏感的指标。它可以全面反映公司的运行情况，并且获取数据的难度和成本也较低。

4. 高级管理者股权激励制度的不足

根据改制前的股权性质，高级管理者持有的股份数量及公司的行业性质对于股票期权作用的发挥具有巨大的影响。根据其目前发展来看，这一制度更适合高科技公司。ESO 在美国得到了广泛使用，并已成为美国公司治理的一部分。美国商业周刊表示，ESO 在 20 世纪 90 年代神奇地刺激了美国的经济繁荣。然而，连续暴露的大型企业会计丑闻也暴露了 ESO 的滥用。

事实上，许多企业高管将股价推高为唯一目标。然而，通过简单地增加销售和削减成本来赚取利润，股价的上涨将非常缓慢。在缺乏透明度和有效监督的前提下，当公司长期发展存在问题时，公司内部管理层受利益驱动，会做出在会计上造假的行为造成公司繁荣的假象，以促进公司股价上涨。风险投资、IT 产业和高科技产业在过去 10 年推动了美国经济的繁荣。美国股市也出现了 18 年的牛市。随着 20 世纪 90 年代末互联网技术泡沫的爆发，一些大公司陷入两难境地，单纯依靠正常的营业利润无法满足投资者对高利润的期望。面对来自股市的巨大压力，这些公司承担了欺诈性会计风险，并利用虚增利润来维持股票的上涨。

第二节 内部治理角色对企业创新的作用分析

一、股东对企业创新的作用分析

对于公司来说，股权结构是公司形成的前提条件，也是公司内部治理结构的基础。公司进行内部治理，其最主要的目的就是保证股东的利益能够达到最大化。对于股东来说，他们总是希望公司能够实现长期发展，只有公司的长期发展才能够使股东通过持有公司股票获得长远的收益。在日趋激烈的市场环境中，创新是企业获得长期发展、实现公司股东利益最大化的一条重要途径。但是，企业创想在带来高收益的同时，创新活动还需要较大的投资，并且需要经历一定的时间周期，其本身存在着较大的不确定性，使股东在企业创新中承担着较大的风险。因此，在高收益与高风险面前，不同的股东对企业创新所持的态度也不同。在企业的股权结构下，股权集中度对企业的创新活动产生了一定的影响，股权集中度高的股东能够通过对股权的控制，进而影响企业的行为。

目前，中国的资本市场体系还不完善，市场无法对所有的公众提供信息指导。在这种情况下，股权的过度分散将对创新造成不利影响。首先，股权分散使得股东的利益目标逐渐分散，导致股东利益目标的不一致，从而削弱股东和董事会的制定决策的能力及对高级管理者的监督能力。有可能造成高级管理者利用信息不对称，通过个人权利的运用为自身谋求利益最大化，不利于公司的长期发展。其次，股权结构过度分散，将会导致公司资金缺乏稳定性。一旦创新不能及时带来收益或公司经营遭遇波动，股东就会急于出售股票以维持其眼前的利益，而创新的风险决定了公司的主要资金来源只能通过股票。资本的不确定性无疑是对企业创新的最大打击。最后，分散的股权结构也不利于股东之间的协调，或通信成本过高，进一步造成股东权力的减弱。相反，恰当的股权集中度有利于企业创新。大股东拥有该公司的大部分股份，并将不可避免地考虑公司的长期盈利能力。即使短期利润未实现，大股东也会坚持创新。更重要的是，大股东不仅有能力实现所有股东的目标一致，而且能够从公司长期发展的角度着眼于创新，并能形成强大的董事会，实现对高级管理者的有力监督。因此，适当的股权集中度有利于企业创新。

同样，股权的过度集中同样不利于企业创新。当股权的集中超过一定的限度后，股权集中过高就会导致拥有信息量的减少，公司的决策完全按照大股东个人的思想制定，将导致公司决策的科学性和可行性不足。另外，股权的过度集中，带来的一个结果就是公司大股东的权利过高，公司经营者的权利削弱，从而导致公司经营者的权利被限制，使其难以充分发挥其对公司的经营管理职责，还会导致公司经营者与公司股东在公司的经营管理上产生矛盾。在一个企业中，其股东中的大多数往往是企业的创始人，他们对于企业的经营管理理念仍然受到企业创始初期的经营模式影响，对于公司的发展持较为保守的态度，希望保持原有的发展模式，从而导致股东对企业创新不积极，即便开展创新活动，也是基于传统模式下的渐进式创新，限制了企业创新的突破发展。

根据以上对公司股权的分析可知，公司的股权集中度与企业创新之间呈现出了一种"倒U形"关系，无论是过低还是过高的股权集中，都不利于企业创新。

二、董事会对企业创新的作用分析

在公司治理中，董事会是企业管理的核心，代表股东的利益要求，负责公司的主要业务决策，同时聘请经理监督公司的管理，并使用最终的增值业务，增加股东资产。作为公司的最高决策机构，董事会的主要任务是制定公司的发展战略和发展方向，确定公司的目标和细分市场，提高公司的核心竞争力和控制业务风险。作为提高企业核心竞争力的根本手段，创新自然与董事会有很大关系。不同董事会的组成对企业创新有不同的影响。下面主要通过董事会、董事会结构及董事会和总经理的职位整合等方面对董事会与公司的创新的内在机制进行研究。

（一）董事会规模

作为企业的决策机构，董事会的规模决定了企业信息处理和决策的有效性，从而影响企业的创新。在公司的实际运作中，虽然董事会具有最终的决策权，但最终还是需要以团队的形式达成一致。这与其他团队一样，也需要成员之间的协调和沟通，以统一意见做出决定。团队的整体效能取决于成员的表现。随着团队规模的扩大，所需的资源和信息也在不断增加，这可以大大降低创新风险，正如美国学者汉布里克（Hambrick）所提出的，在基本层面上，团队可以获得的资源取决于涉及的人数。因此，随着董事会数量的增加，一方面，董事会拥有更多的资源获取渠道，面对困难，更容易产生思想碰撞，形成多元化的决策方案，从不同的角度把握问题；另一方面，有多位董事可以通过分工协作，负责不同领域，对特定事务负责，使决策更加科学实用；另外，一定规模的董事会有能力和能量形成对高级管理者的有效监督，促使高级管理者为公司利益的实现做出最大限度的服务。

尽管建立较大规模的董事会在一定程度上有利于公司的发展，但是超大型规模的董事会在沟通、协调等方面也存在一定的弊端。国外学者通过研究发现，尽管大规模的董事会在某些方面会对企业创新产生积极作用，但总体而言其对于企业创新的阻碍作用要大于其对企业创新的积极作用。在快速变化的环境中，大规模的董事会，往往难以就某一问题形成一致意见做出迅速的决策，因此相较而言小规模的董事会更具优势。在较小的规模下，董事的权利相对也得到了提高，从而提高董事对企业创新的参与感，提高董事与公司的凝聚力，使董事为企业创新发展做出更积极的贡献。

总之，董事会规模与公司创新呈"倒U形"关系。董事会规模过大或过小都不利于创新。基于董事会规模与公司创新的"倒 U 形"关系,我国在《公司法》中将董事会的规模控制在 5～19 人。国内外学者通过对董事会规模与企业 R&D 投入的关系进行研究,进一步得出了 7～9 人的董事会规模对企业创新影响效果最佳的结论。

(二) 董事会结构

董事会结构包括董事会的组成和各个部分之间的关系。董事会成员可分为内外两部分。内部董事是那些在公司有相应职位或是与企业之间存在商业关系的人担任的董事;外部董事是指不参加公司日常工作,且与公司治理不存在密切关系的人担任的董事,外部董事成员的来源主要是不参加公司活动的股东及股东大会聘请的专家学者等。外部董事的引入是对美国等发达国家公司治理的经验借鉴,外部董事的引入有利于避免董事与高级管理者的职责重叠,促进董事会决策的科学化。

内部董事承担公司职位和决策的双重责任,并对公司行为产生直接影响。但是,根据代理理论,外部董事的参与也是不可或缺的。一方面,引入外部董事可以监督董事会的运作,实现内部董事和外部董事的制衡。另一方面,内部董事不可避免地存在个人行为,而忽视公司的长期发展。在独立性的作用下,外部董事可以从更为客观的角度,为企业的长期发展制定相应的创新战略。从外部董事自身来说,其成员一般都具有一定的理论知识和实践经验,因此,外部董事的参与能够提高董事会决策的科学化程度。此外,为了促进创新活动的开展,企业还可以对董事会的职能进行进一步的细化,在其中设立专门负责企业创新的机构,以促进企业创新的实施。

(三) 董事长与总经理的职责

董事长为董事会负责,总经理为管理层负责。董事长负责决策的制定,总经理负责决策的执行。如果两者之间存在分歧或者由于信息不对称导致道德风险,那么就会给公司的经营和管理造成不利的影响。特别是在当前的市场环境下,产品的更新速度越来越高,市场机遇转瞬即逝。因此,董事长与总经理的结合,可以减少由此产生的代理成本,还可以在一定程度上降低董事会的监督成本,扩大高级管理者发挥作用的空间。从这个角度来看,这有利于企业创新。但是,董事会和经理人两位职位的整合也存在不足之处,这主要是由于董事长不具备专业的企业经营管理才能。

三、高级管理者对企业创新的作用分析

高级管理者是执行公司业务的最高责任人。通常在董事会的领导下，负责实施董事会制定的发展战略，实现公司的经营目标。在企业创新中，高级管理者是实施创新的最高领导者，负责制定创新战略和创新任务的具体实施。在现代企业制度下，董事会制定创新战略，高级管理者负责具体实施。在信息不对称和人性自私假设的前提下，如何激励和约束管理者的行为对企业创新来说至关重要。

（一）高级管理者创新自由度的激励机制

在现代公司治理中，董事会赋予高级管理者充分的权利，董事会赋予的权利也决定了高级管理者基本活动的范围。在企业创新活动中，高级管理者的权利包括创新决策的制定、创新人员的配备和发展战略的制定等。高级管理者也是企业创新的实际领导者。因此，创新战略的制定对于高级管理者在创新活动中的权利具有重要的影响。在较为激进的创新战略下，创新活动对于高级管理者的才能需求越高，高级管理者的创新权利也越高，其在创新活动中越能够实现自由发挥，从而使高级管理者获得程度较高的激励。在这种情况下，创新往往可以取得更高的成果，但同时它也承担更大的风险。而在较为保守的创新战略下，高级管理者的才能发挥有限，对于高级管理者的激励程度也较低。在这种情况下的创新活动不会为企业带来较大的收益，同时，企业也不必承担较高的风险。因此，赋予高级管理者一定的权利会促进企业创新，但高级管理者权利过高又会导致股东利益受损。为此，公司可以通过建立风险监督委员会或审计委员会来限制高级管理者，从而实现对高级管理者的最优激励。

（二）高级管理者创新利益的激励机制

在现阶段企业所有者与高级管理者信息不对称的现实基础上，董事会如果希望高级管理者能够真正服务于公司利益的最大化，就必须给予高级管理者足够的激励。具体而言，对于高级管理者的激励方式主要有三种：一是固定工资收入激励，二是创新成功的提成激励，三是创新成功带来的个人荣誉激励。这三种激励不是相互独立的，而是彼此之间相互影响。固定工资收入激励的提高，就会导致提成激励的减少。促进创新的荣誉激励所起到的效果则取决于公司对创新的重视程度。公司对创新的重视程度高，高级管理者创新成果的荣誉激励效果也越高，若公司不重视企业创新，即使高级管理创新成功，也难以从中获得荣誉激励，从而削弱高级管理者创新的积极性。

所有权和经营权的两权分离所造成的代理问题，对公司所有者与高级管理者之间的沟通、协调与合作造成了严重的阻碍，使得双方不能形成一致性的目标。董事会的利益在于企业的长期发展，因此积极推动创新战略的制定和实施。而高级管理者的利益在于企业的短期收益，因此，高级管理者常常为了最大化个人利益而忽视企业的长期发展。因此，只有实现董事会与高级管理者之间的利益协调，使双方建立一致的目标，才能推动企业创新。而要实现双方目标的一致，就必须将高级管理者的个人利益与公司的利益紧密结合起来，通过统一利益链的建立削弱高级管理者的投机行为。

总的来说，董事会可以通过创新定价、股权分配和精神支持对高级管理者进行激励，通过将高级管理者的个人回报与公司的创新绩效紧密结合起来，从而实现对高级管理者的最优激励。另外，任期也是影响高级管理者创新动力的重要因素。创新是一个长期的过程。如果高级管理者的任期不足以支持其完成整个创新，这时，高级管理者就会失去开展企业创新活动的积极性，将工作重点放在有利于个人利益的短期项目上。因此，要促进企业创新，不仅要聘请具有创新能力的高级管理者，还要建立完善的激励机制，保证高级管理者创新才能的充分发挥。

第七章 外部治理结构与企业创新

公司的外部治理结构主要包括证券市场和控制权市场及银行。它们通过参与公司外部治理,对企业创新发挥着不可忽视的作用。对于企业创新来说,整个创新需要企业提供长期、大量的资本以满足创新活动的需要,而外部治理结构不仅能够满足企业创新的资金需求,同时还能通过资金的注入对企业创新的其他方面产生影响。

第一节 外部治理结构概述

一、证券市场和控制权市场

(一)证券市场在外部治理结构中的作用

证券市场在外部治理结构中的作用主要体现在以下四个方面。

一是为企业提供融资渠道。对于那些有资金盈余的投资者来说,为了利用自己手中的资金获得更高的收益,他们常常在市场经济的运行过程中寻找对象进行投资。通过证券市场,投资者可以通过购买证券的方式,满足其利用盈余资金进行投资的目的。在市场经济逐渐发展的国家中,由于其市场经济体系发展还有待完善,因此为了避免银行在投资中承担过高的风险,这些国家通过建立证券市场的方式为银行分担投资的风险。对于那些有资金需求的企业来说,他们可以通过在证券市场上发行证券的方式,来吸取社会上的资金,实现其融资目的。证券市场的建立,不仅有利于对银行风险的分担,同时也有利于融资渠道的多元化,缓解银行在经济发展中承担的过多压力。

二是合理定价资产。证券是各种财产所有权或债权证的通称。它们用于证明证券持有人有权根据证券票面内容获取相关股权证书。证券的性质是一种交易合同,赋予合同持有人对合同标的事项采取相应行为的权利,并按照合同规定获得相应的利益。证券交易合同的主要内容是:合同标的物、标的物的数量和质量、标的物的价格、交易标的物的时间和地点。市场需求越大,证券的相应价格越高;否则,证券的价格很低。股票市场提供了合理的资本定价机制，也被称为价格发现机制。证券市场的运作形成了证券需求者和证券提供者双方关于证券交易的竞争变化趋势，从而在这种趋势下使证券投资产生资本回报。证券价格的实现就是证券购买者与提供者之间竞争的结构，这个结果本质上就是证券代表的资本价格。

三是优化资源配置。证券市场是连接资本提供者和资金需求者的桥梁。证券市场提供的经常性和统一的市场，使得证券发行人、证券购买人、证券交易人和中介机构在这个市场上联系起来，便于证券的发行和流通。证券市场是重新部署社会资金的监管机构。证券投资者对证券的回报非常敏感，证券收益主要来自公司的经济利益。经济效益高的公司有更多的投资者。由于这些证券的预期收益率很高，相应的市场价格会很高，所以他们的筹资能力会很强，市场上的交易会非常活跃。相反，经济效益差的公司证券投资者越来越少，市场交易也不是很活跃。因此，社会中的一部分资金将自动流向经济效益好的企业和行业，使资本能够尽可能高效地生产，远离回报不佳的企业和行业。这一流程使得社会资本资源重新配置。

四是提供产权的界定。产权界定是指国家依法划分产权和经营权归属的法律行为，明确各类产权主体行使权利的财产范围和管理权限。我国的产权界定遵循"谁投资，谁拥有产权"的原则。资本市场中产权的界定功能是市场主体在产权限制和产权交易中介中所起的作用。通过在证券市场上交易股票，重要资产所附的各种权利实现分离交易。通过股票分割，筹资者与投资者之间只存在经济关系上的联系。股票代表着公司的股份，因此通过股票的交易，公司不可分割的物质资产可以细分为明确的产权。因此理论上，产权的初始定义可以通过证券市场来完成。利用资本市场进行股票分割，具有界定产权的功能，实现产权交易的界定、转移、行使和执行。

（二）控制权市场在外部治理结构中的作用

控制权市场在外部治理结构中发挥作用主要是通过以下四种途径实现的。

1. 替代效应

这是因为，公司的资源是一定的，无论公司是通过控制权市场寻求发起并购，还是被动接受并购，都需要占用一定的公司资源。公司将既定资源中的一部分用于控制权市场的变化，就会导致企业对创新的投入减少。控制权变化对于企业创新投入的影响主要表现在以下方面：一是公司管理层需要高度重视公司控制市场的动态，这可能会导致技术创新的忽视。二是公司控制权变化将带来对创新投入的挤占。三是控制权变化带来的股东变化也会对企业创新的实施造成影响。因此,控制权市场的变化需要占用一定的公司资源,从而在公司资源总量不变的情况下,对企业创新起到一种负面的替代效应。

2. 协同效应

公司控制权的变化将为公司带来积极的协同效应。无论从经营还是从财务的角度来看,公司规模的扩大不仅会带来规模经济效应,而且会为技术创新带来一定的积极影响。从经营角度来说,在协同效应下,控制权市场的收购和兼并行为,能够实现公司内外部在信息、知识、技术上的互补,从而促进企业的技术创新。从财务角度来说,控制权市场的收购和兼并行为,能够带来公司规模的扩大,从而使得公司在资本市场的融资活动更加高效,从而充分解决企业创新所面临的缺乏资金的问题。

3. 短期压力

公司的控制权市场可以对公司的经营施加一定的短期压力。在公司控制权市场非常活跃的环境下,公司被接管会给高级管理者造成巨大的压力。高级管理者为了满足股东的利益,需要保证公司股票的价格水平,因此其需要将公司经营的重点放在能够在短期内获得较高收益且风险较小的项目上,从而导致高级管理者对风险较高、周期较长的创新项目重视不够,从而导致为了追逐短期利益而影响企业的长期发展。另外,从个人利益角度来说,企业创新对高级管理者带来的利益并不明显,反而会使高级管理者承担一定的风险,因此高级管理者更倾向于短期利益而对企业创新持消极态度。

4. 行为约束

解决委托代理问题,即解决两权分离带来的因利益不一致所造成的高级管理者为了个人利益而损害股东利益的问题,这是控制权市场最主要的目的。通过控制权市场,能够对高级管理者造成持续的压力,使他们能够做出最有利于公司长期发展的决策,而不是增加自己的利益。在控制权市场下,即使出现管理者控制公司的现象,股东也能够做出有效的应对,以保证自己的利益。由于创新具有高风险性,高级管理者开展企业创新行为,也会使自己承担一定的风险,一旦创新失败,将会对自己的职业生涯造成不利的影响,并导致他们遭受巨大的个人损失。因此只有对高级管理者进行持续的激励和监督,才能够使管理者主动做出企业创新的决策。控制权市场能够通过对高级管理者施加持续的压力,从而迫使他们做出符合企业长期发展的创新决策。

替代效应和协同效应是控制权市场对企业创新的直接影响。通过分析可以发现,这两种效应都是在公司控制权发生变化的过程中发挥作用的,因此,这两种效应不能够做到对企业创新的持续影响。虽然这两种效应对企业创新的效果是相反的，但是在实际情况中，这两种效应并不是单一出现的，而有可能同时出现。因此对于企业创新影响的好坏，需要看这两种效应哪一方的效果更强。

短期压力和行为约束是公司控制权市场对企业创新的间接影响。它们对企业创新的影响主要是通过引起公司内部治理机制变化实现的。通过分析可以发现，无论发生变化与否，公司控制权市场的活跃程度变化就能对企业创新造成影响。因此，从这一点来说，短期压力和行为约束对企业创新的影响是持续性的。同时，短期压力和行为约束还会对公司管理的其他方面造成影响。由于这两种影响效果是完全相反的，因此导致公司控制权市场对企业创新的影响产生不确定性，这也造成学者们对于控制权市场对企业创新作用的争论。

二、银行治理

（一）银行参与公司治理的法理基础

1. 基于对公平、正义的价值追求

法律所追求的目标是正义和公平。在多数情况下，人们往往将正义和公平视为法律的同义词，认为这是法律一贯追求的价值，是所有法律的精神和灵魂。没有坚实的正义做基础的法律秩序，其基础是不可靠的，是难以依赖的。正义代表着人类的社会美德和崇高理想，它强调的是人人地位平等和实现人的共同发展，注重利益与负担的平衡分配。公平是指任何法律关系的主体，在追求一定利益目标的活动中，能够为其提供相同的法律条件和机会，所有人都可以基于价值规律实现利益的均衡。正义和公平也是市场经济主体在市场交易中的最基本的追求。

在法学家看来，公平是制度设计所必须考虑的基础，不具备公平的制度设计是没有价值的。法律和公平的历史性决定了在不同的历史时期、不同的法律制度及不同的国家中，对于公平的理解和呈现是不同的。在传统的法律中，对公平的追求体现为起点与机会的公平，而在现代法律中，对公平的追求更强调对其实质意义的追求。现代法律希望在不平等的现实基础上建立平等的法律体系。现代法律认识到不同市场主体之间的差异是客观的，因此，不同的主体应根据不同情况给予合法权利，为相对较弱的当事人提供更多的法律保护可能对于实现公平具有更大的意义。与古典企业相比，在有限责任基础上建立的现代公司，其债权人处于更为弱势的地位。

首先，虽然债权人和股东是公司的合伙投资人，但是二者在实际上却处

在不平等的位置上。在权利分配方面，股东既享有获得利润分红的权利，也享有参与公司治理的权利。而债权人只有收取固定利息的权利，而不享有参与公司决策的权利。在承担风险方面，按照有限责任原则，股东只需根据其投资金额承担有限的风险，若公司遭遇破产，在进行清算时，债权人不可能直接向公司股东行使追索权，以获得充分的还款，通过这种方式，公司股东实际上将投资失败风险转化到公司外部，使债权人承担本应该由公司股东承担的部分投资风险损失。因此，事实上公司债权人承担的公司风险甚至比股东承担的风险还要严重。

其次，公司的债权人和公司高级管理者之间也是不平等的。通过股东大会的授权，高级管理者获得了对公司的管理、经营、决策的权利，从而实现对公司的经营管理和日常事务的控制。受其自身经济利益驱使，高级管理者可能参与投机性风险行动，损害公司债权人的利益。由于债权人无权参与公司治理，因此，他们无法在事前采取行动来维护自己的利益。从承担风险上来看，高级管理者受到公司独立人格的保护，因此，即使公司经营失败，高级管理者也不承担任何个人责任。这表明，与公司管理层相比，商业银行等公司债权人也处于弱势地位。

考虑到追求实质正义和平衡双方合法地位，处于弱势地位的公司债权人应得到更多的法律保护，通过给予债权人一定的特殊权利，实现现代法律对实质正义的追求。在我国，由于传统的"股东单方面治理模式"影响较为深刻，因此，我国《公司法》等相关法律制度的制定侧重于对股东和高级管理者的权利的保护，在其对债权人的保护制度设计中，没有考虑到在实际情况下，公司债权人与公司股东和高级管理者之间地位的平等。由于公司债权人处于外部地位，因此对其进行保护的具体措施也仅限于债权人的外部监督和事后救济。因此，为了实现公司债权人、法人股东和高级管理者在法律保护方面的公平性，《公司法》及相关法律制度应对处于弱势地位的债权人提供较为偏向的保护。除了要不断完善现有的保护制度，还可以考虑加强公司债权人在公司治理中的作用，使其能够参与公司治理，从而可以在事前对自己的利益进行主动保护。从这个意义上说，使银行债权人参与公司治理是现代法律追求实质公正和公平的必然要求。因此，赋予商业银行在特定条件下参与公司治理的权利，使银行能够获得新的法律手段保护自己的权益，这无疑加强了对公司债权人的法律保护。

2. "个人本位"向"社会本位"转变的发展要求

纵观西方近代史的发展，社会价值形态的发展是一个由个人本位向社会本位转化的过程。在19世纪初，资本主义发展到自由资本主义阶段，随着生产方式的扩大，民主政治体制和多元文化体系进一步得到建立和发展，相对独立的市民阶层力量日益壮大。文化启蒙和资产阶级革命胜利所带来的人本主义和个人主义精神由于与其相适应，因此逐渐发展成为资本主义世界的普遍信仰，自由资本主义也由此进入新的发展时期。在人本主义和个人主义精神的影响下，这一时期的法律也以对个人本位主义的保护为主，充分落实对个人权利和自由的保护。作为私法意义下的自治组织，公司由股东投资组成，股东享有的权利，按照股东的投资多少进行分配。公司治理结构作为公司的内部事务，股东有自行决定的权利，国家和其他人不得介入。这也就是说，公司治理各项制度的设计必须以保护股东的利益为基础，公司所有的需求都必须以股东的利益为基础。在"个人本位"理念的影响下，公司治理注重的是对公司的出资者即股东的利益保护，虽然通过投资，股东的资产转化成为公司资产，从而与股东的个人资产相分离，但是从本源上来说，股东仍是财产的最终受益者。

在资本主义社会发展的早期阶段，"个人本位"思想发挥了巨大的作用，推动了资本主义经济的快速发展。但是随着资本主义发展逐渐由自由资本主义阶段进入到垄断资本主义阶段，一些发达资本主义国家在技术发展变化的影响下，出现了生产和生活的社会化发展，从而导致企业的大规模扩张。"个人本位"思想片面强调个人权利的内在缺陷日益暴露，并引发了劳资双方对立、贫富差距扩大、经济危机爆发等严重问题，引发了人们对私权的绝对自由的思考和审视。在严重社会问题的爆发下，自由主义经济的信奉者转变了过去只能被动地扮演"守夜人"角色的观念，资产阶级国家开始积极参与市场经济的调节和维护社会福利。与此同时，"社会本位"的观念逐渐产生和发展。在这一时期，社会发展需要实现由契约向制度的转变。所谓"制度"，就是在公民社会中，以"社会本位"为最高的指导原则，在私权与公权力的矛盾斗争和协调的过程中，获得秩序、公平、发展。社会本位理念的产生是生产资料私有制与社会生产扩大化的矛盾所导致的必然结果，也是资产阶级政治国家与相对独立的市民阶层发展互动的结果。

在"社会本位"的理念下，人被认为是有双重性的，具体表现为：人们一方面表现出符合"社会本位"的相互合作，另一方面，个人主义又是人的本性。在现代市场经济环境下，公司的人格也表现出明显的双重性，即经济性和社会性。从自然属性的角度来说，公司是以营利为目的的经济人，在扩张性或自我主张的本能下，其只关心自己的愿望和要求，甚至通过牺牲他人来满足这些愿望和要求,并克服实现这些愿望和要求的所有阻碍。从社会的角度来说,公司作为社会的一员,需要更加重视社会的整体利益。法律的目的是在利己主义和利他主义、个人利益和社会利益之间取得平衡,因此在立法过程中,必须对双重性予以充分的考虑,充分认识到个人与社会在利益上可能存在的冲突,对个人内在"个人主义"本性进行社会控制。"社会本位"观念的发展为现代公司制度的发展奠定了坚实的价值基础。传统法律下的公司法在"个人本位"理念的影响下,以股东利益为重。现代法律下的公司法,强调公司个人利益与社会利益的协调。因此,现代法律制度下的公司法,实现了对极端"个人本位"主义的修正,实现了对社会共同体存在的尊重。在"个人本位"向"社会本位"转变的发展过程中,要求公司法在制定的过程中,必须贯彻"社会本位"理念,让银行参与到公司治理中,从而建立起股东、高级管理者、银行共同参与的公司治理模式。

3. 利益冲突的协调需要

法律是为适应利益调整的需要而产生的,法律的发展植根于利益关系的变化。法律的主要作用是平衡各利益相关方之间的冲突和追求,以最大限度地实现社会的共同利益。法律调整利益关系的形式各不相同。从积极的角度来看,它包括对相关利益的承认、鼓励或保护,为实现利益提供机会或有利条件;从消极的角度来看,包括对相关利益的限制甚至禁止,通过裁决的方式解决利益纠纷等。利益即个人、集体或社会希望得到满足的愿望或要求。利益既有主观也有客观属性。主观属性即利益是主体的需要与满足之间的关系。客观属性即利益的产生既是社会关系的客观需要,同时也是满足人类需求的客观资源。由于资源具有稀缺性,因此利益的社会分配必然会产生冲突,缓解社会利益冲突的主要工具是法律。法律是实现社会控制最主要的工具,法律的任务就是实现互相冲突的利益关系的协调,为社会利益的实现提供保障,最终实现对社会的控制。

在社会中,无时无刻不存在着社会冲突,因此在公司中,不可避免地也会存在利益冲突。在公司利益系统之下,包含了股东、高级管理者、员工、消费者及其他社会利益相关者的利益。在公司治理中,由于这些利益相关者之间的利益不完全一致,因此导致公司利益相关者之间存在着一定的利益矛盾和冲突。不同的利益相关者对利益的追求不同,股东希望获得更多的分红,员工寻求工资的上涨,债权人关注债务的实现。即使在相同类型的利益相关者中也会存在利益冲突,如大股东和小股东之间的利益冲突。通过广泛吸收公司治理的经验可以发现,如果不能很好地协调利益相关者之间的利益冲突,将为公司的经营和发展带来严重的消极影响,产生影响的范围包括公司效益、社会利益、投资者权益,最终影响公司的长期可持续发展。因此,在公司治理过程中,虽然公司治理机制承认并保护人们的物质利益,但它必须衡量和调整各种利益冲突,以最大限度地减少对立和摩擦。根据传统的公司治理理论,股东利益与公司利益相一致,公司的独立性被削弱,公司成为股东的个人财产,在这种复杂的利益冲突中,高级管理者成为股东利益的代理人,股东和高级管理者在公司内占据强势地位,债权人及其他利益相关者则处于弱势地位。公司股东为了自身利益而将内部化成本外化,并且不可避免地使其他利益相关者的利益受损,并导致一系列社会问题。

事实上,现代公司是一个利益共同体,各种生产要素持有者共同投资,分享利润和损失,分担风险。各种生产要素持有者合作组建公司的原因是要通过公司这一组织形式,实现多生产要素的合作,从而获得高于单一生产要素的利益。缺少任何一种生产要素的支持公司都不可能实现健康的发展,因此公司必须充分尊重和保护利益相关方的利益,并协调不同利益相关方的利益关系,努力在公司各利益相关方之间建立和保持良好的互信合作关系,以保证公司持久的竞争优势。因此,只有对公司治理进行实质性的理解,才能实现公司治理的有效运行。将公司治理理解为生产要素持有者为实现其利益而设计的制度,既不符合理论,也不符合实践。必须重新审视以保护股东权利为中心的传统公司治理理念,赋予各利益相关者平等参与公司治理的权利,以引导和激励所有利益相关者为公司的长期稳定的生存和发展做出最大的贡献。因此,作为公司最重要的利益相关者之一,吸纳银行参与到公司治理中,是解决利益相关者利益冲突的重要的协调机制,其不仅关注股东利益,而且关注公司其他利益相关者(如银行债权人)的利益,并且可以协调公司治理中出现的各种利益冲突。

(二)银行参与公司治理的具体实施

1. 以债务关系对公司治理进行约束

通过签订债务合同,银行具有相应的公司债权的权利,可以通过债务合同约束公司高级管理者,参与公司治理。其具体的方法为:

①会计数据要求:要求保证数据的真实性和可靠性,遵循债权人利益原则,如一致性、谨慎性等。②流动性要求:对资本流动比例进行要求。③债务控制要求:限制债务的增加,以保护自己的利益不受损害。对于债务,可以进行不同程度的划分,在一定条件下,允许增加优先级别较高的债务。④限制支出要求:限制资本性支出。资本性支出主要是指固定资产和长期证券投

资。由于资本支出变为现有损失，流动性差，尤其是具有高资产类型的公司可能会改变股权结构。因此，可以根据债务人的具体情况对资本支出加以限制。例如，对兼并和收购等活动的资本支出进行限制。⑤限制资金的使用：限制贷款的使用和资金的比例，严格限制专项资金的使用，对专项资金的使用进行细化，并明确各部分的比例。⑥限制利润分配和股份回购：利润分配比例可限制在一定范围内，以避免超额分配和保护债权人利益；股票回购会造成公司现金的减少，削弱公司偿还债务的能力，并且股票回购还会在清算时减轻股东应承担的责任，因此限制股票回购也是必要的。⑦限制资产清理：主要是指对固定资产清理的限制。资产减少会导致企业资产负债率的增加；如果清算完毕，公司现金将增加，现金转移将很容易；它也将产生非运营分配。这些都不利于债权人，所以应该施加限制。⑧其他限制：如限制应收票据贴现和应收账款转移。由于贴现应收票据和应收账款转移都会产生或有负债，资金被使用导致债务也会增加，这对债权人是有害的。

2. 以委托银行投票制度影响公司治理

委托银行投票制度是指中小股东将股份集中交由银行管理，并赋予其在股东大会中行使表决权的一种制度。在一些上市的股份制公司中，有大量的中小股东，每个股东都持有一小部分股份。由于中小股东认为参与投票的成本与收益不相称，因此缺乏参与公司治理的积极性，导致其所拥有的投票权不能得到有效发挥。通过建立委托银行投票制度，银行可以使用书面授权将这些众多分散的中小股东持有的股份集中起来行使权利。由于银行具有专业化优势，因此由其代理中小股东行使投票权，能够帮助中小股东降低治理成本，使中小股东不必花费成本就能享受到收益。因此，中小股东非常愿意将自己的股权委托给银行。同时，银行也可以由此增强其对于公司决策的影响，防止大股东对公司利益的侵犯，保护自己的利益。建立委托银行投票的制度对于我国公司治理有一定的适用性。我国法律规定，商业银行不能持有企业股份，因此其只能作为公司债权人参与公司治理，监督企业的经营活动。如果委托银行投票制度成功实施，中国的商业银行可以充当股东代理人，并在股东大会上有一定的发言权。

3. 以贷款制约制度影响公司治理

我国企业的大部分资金是通过银行获得的，因此，在我国，银行也是企业最大的债权人，这也导致银行在签订贷款合同方面具有明显的优势。银行可以通过在贷款合同的订立中设立条件，从而对公司施加影响，并给他们施加经济压力，鼓励公司经理人员努力工作，努力偿还贷款本息，减少高级管理者对短期利益的追逐,从而在一定程度上解决公司治理中存在的"内部人控制"问题。作为企业的大债权人,银行有充足的动力和积极性,有机会和能力获取公司日常经营和财务信息的第一手资料。因此,商业银行在对企业进行贷款之前会进行严格的资格审查。这也为商业银行直接参与公司治理提供了先决条件。另外,当公司无力偿还公司债务时,作为大型债权人的银行有权强制公司进入破产程序,并在债权人会议中使用主导投票权,为自己争取最大收益。此时,商业银行可以作为大债权人在公司治理中发挥主导作用。

4. 以银行董事、监事制度影响公司治理

建立银行董事和监事制度可以促进利益相关方积极参与公司治理。在现行经济体制下,由于银行持股受到法律限制,因此银行不能担任公司股东的角色,因此银行也不具有委派董事和监事的权利。目前,企业和银行之间的关系是一种单一的资金借贷关系,银行与企业之间的债务问题日益突出,导致银行积累了大量不良贷款。如果银行不能积极参与企业的公司治理,就很难保证债权人的权益,一旦企业面临困难,银行也难以如同股东一样轻易退出。当公司濒临破产时,地方政府会因各种考虑而介入破产。同时,公司破产也将给银行带来巨大的经济损失。因此,即使商业银行不作为股东,也应作为大型债权人有任命董事和监事的权利。因此,我国相关法律在完善的过程中可以适当放宽对这方面的限制。

(三)银行参与公司治理的意义

1. 推动公司治理机构的改善

关于银行的作用,人们通常更关注其在货币政策和宏观调控等经济运作中的作用,对于银行在公司治理中的重要作用并没有给予应有的关注。然而,在实践中,银行对于公司治理发挥着不可替代的作用。在股东利益最大化的"股权治理"逻辑下,银行与公司保持一定距离,不干预公司决策,不参与公司治理。然而,随着利益相关者理论逐渐成为公司治理理论的主流,大多数利益相关者,特别是债权人对公司治理的要求越来越高。其中,以银行贷款为主要融资手段的企业,将银行债权人纳入自身治理流程,对公司内部制衡、利润增长和绩效改善具有重要意义。

首先,银行可以通过监测企业行为来减少信息不对称带来的代理成本,同时防止公司管理不善。现代银行已成为经济管理人才的集散地,银行拥有更先进的信息网络和技术设备。如果银行参与债务公司的内部治理,他们一定会发挥自己的优势为公司提供各种服务。

其次,有利于公司的长远发展。银行非常愿意与偿还能力稳定的公司建立长期稳定的融资关系。目前，银行不仅是公司的债权人，也是公司的主要融资渠道。银行的长期债权和连续债权与股东投资基本相同，但名义上也存在债权和股权的区分。实际上，很多公司都有长期和连续的银行债务。这些债务已经成为银行的长期投资和公司的长期资本。目前，这些银行债务实际上与股东的投资类似。由于银行的债权与股东投资相似，因此银行有权参与公司治理，派人参与到公司董事会和监事会，这样可以大大降低市场不确定性的风险，最终有利于公司的长期发展。

最后，银行通过监控贷款的使用情况，对于防止"内部人控制"是有益的。银行参与债务公司的内部治理可以充分监测贷款的使用情况。特别是在法律体系建设有待完善的市场环境中，因为贷款合同难以真正对债务企业施加约束，公司道德风险相应增加，从而也增加了银行参与公司治理的重要性。

2. 实现银行在公司治理中作用的充分发挥

首先，银行将积极参与公司治理，以实现自身利益。利益相关者理论认为，公司正常开发的条件之一是公司的利益相关方支持公司。如果缺乏利益相关者的支持，公司的运营将会很困难，并且需要获得利益相关者的支持。公司综合考虑每个人的利益，不能只考虑一类利益相关者的利益。因此，公司治理结构设计的最终目标是构建利益协调机制，以满足公司各利益相关方的利益。银行债权人作为企业外部融资的重要来源，要求债务人在合同和法定保护的基础上偿还债务和偿还资本。与此同时，贷款和存款之间的差价是许多银行的主要收入来源。因此，银行非常有动力对所提供的贷款进行监督。其中，一方面要维护自身利益。另一方面，银行参与公司治理，其利益与公司的利益相一致，因此能够通过参与公司治理获得更高的、更长期的利润回报。由于银行是公司的主要资本提供者，因此非常关注公司的经营状况。公司需要在没有银行信贷支持的情况下发展壮大。即使在股市最发达的美国，股票融资也只占外部基金总额的一小部分。银行贷款是公司外部融资的主要形式。对于已建立长期信用关系的银行和公司而言，实际上它们已经与一个利益集团相关联，而不是单一的债务关系。企业的经营状况不仅直接关系到银行的本息是否能够偿还，还与银行与公司之间的长期信用关系有关。这在一定程度上与银行的长期发展息息相关。在这种情况下，银行作为债权人比股东更关心公司的业务状况。由于公司法人的人格独立造成公司股东的责任有限，即使公司经营失败，股东的损失无非是资本投入，可随时以"用脚投票"出售其持有的股票以规避风险。对于银行来说，银行贷款不能提前偿还本息，当公司破产时，银行损失是不可避免的。

其次，银行具备参与公司治理的能力。银行通常拥有大量的网点，并能及时获取外部信息。他们对公司的资本结构、治理模式、运营方式、营销渠道甚至社会背景拥有更好的了解。同时，银行也聚集了大量的经济专家和管理专家、技术专家，因此银行对于公司的监督能力非常强，这些能力是普通股东无法做到的。同时，银行可以将贷款资金分散到不同的项目中，大大降低自身风险。

第二节 外部治理角色对企业创新的作用分析

一、证券市场和控制权市场对企业创新的作用分析

（一）证券市场对企业创新的作用分析

1. 为企业创新分担风险

在通常意义上，资本市场的交易目标是超过一年的长期证券。资本作为财富，其通常的表现形式是金钱或物理财产。资本市场上有两种主要类型的人：寻求资本的人和提供资本的人。寻求资本的人通常是工商企业和政府；提供资金的是那些想通过贷款或购买资产来获利的人。资本市场是现代金融市场的重要组成部分，发展到现在，资本市场的意义已远远超出其原有的内涵，并已成为社会资源配置和各种经济交易的多层次市场体系。

企业技术创新风险可以根据资本融资功能、产权调解和资本市场功能的资源配置进行共担。企业技术创新的风险由于受到外部环境的不确定性、技术创新项目本身的难度和复杂性及创新者自身能力和优势的局限性的限制，导致技术创新活动不符合期望的目标。相关数据表明，一些创新项目的制定和实施十分草率，甚至缺乏事前对技术和市场的可行性调查。对研发、设备调试和试产投资估算不准确，低估技术创新工业化生产的前期预算，导致后期大量的投入追加给企业带来巨大的压力。在实施技术创新过程中，必然会受到多重突变和不可预见的不确定性的困扰，从而增加创新绩效的不确定性。对于企业来说，技术创新的实施不应是随机行为，而是基于理性的调查和判断做出的决定。技术创新活动是有目的和有组织的，在创新的任何一个阶段中，都应有理性的分析、评估和决策，这也是对技术创新风险的控制。资本市场的一个重要特征就是流动性，流动性带来了市场的交易变化。在流动性特征下，资本市场赋予资产实现合理价格变现的能力。它是对投资在时间和价格尺度下的关系的体现。高新技术创新中的技术不准确性和信息不对称程

度高，资产专用性高，会抑制流动性，增加投入风险。金融资产流动性的不确定性很可能给企业主体造成经济损失；它迫使企业家想方设法减少信息不对称并降低交易成本。资本市场的流动性可以通过企业的技术创新来融资。资本市场和金融中介的资源配置功能和流动性功能可以实现企业技术创新项目的资源配置，为投资者快速实现投资提供平台，促进长期资本的形成，合理配置资源，促进科技创新。

2. 推动企业创新过程的信息披露

信息是事物的运动状态和过程及这些状态和过程的知识。它的作用是消除观察者在相应理解中的不确定性，其价值是通过消除不确定性的大小来衡量的，或者等同于新增知识的数量。技术创新项目信息动态多变。企业希望通过技术创新获得收益。科技创新的成功本身取决于对科技创新规律的认识程度及外生因素和内生因素的作用。创新具有三个发展方向：创新成功达到预期目标，获得高回报；创新与预期目标存在一定差距，仅能保持效益持平；创新失败，企业投入遭受损失。建立科技创新信息公开机制可以消除观察者在相应认识中的不确定性。资本市场的市场参与者获得了更多的激励机制来获取公司信息并评估技术创新型公司的价值，从而允许将资本投入到最有价值的创新项目中。这有利于改善和优化资源配置，加快技术创新。

随着市场经济的不断发展，资本市场的功能可以从资本融资、产权代理和资源配置等发展逻辑来界定，其主要功能包括资金融通、产权中介、资源配置。在资本市场的作用下，资金的供应者和需求者产生联系。在资金的交易中，资本市场只充当平台的作用，资金的供应者和需求者在平台中自行发生交易，并反映在公开市场价格中。资本市场的特点要求建立和完善科技创新信息披露机制，根据机制的要求保证激励、监督、保障功能的发挥，以便其他组织和个人可以通过最简单的方式获取信息，降低投资者获取信息的成本，防止欺诈行为的出现，并对适当的投资机会进行预测。

3. 对企业创新行为进行约束

一般来说，股东是公司股份持有者或公司的出资者。一个企业是一个营利性的经济组织，它通过结合人为因素和要素组成自主地参与经济活动的组织，并将营利作为组织活动的目标。通过经济活动中的生产经营活动，企业不仅在竞争中创造和实现社会财富，而且还是先进技术和先进生产工具的主动采用和生产者。这客观地促进了整个社会经济技术的进步。对于企业的经营管理而言，表面上是市场机会的竞争，但事实上是企业生命力的竞争。不同的活力将为企业带来完全不同的机会和结果。从物质层面来说，创新能力就是企业的活力。

资本市场通过股东的权利来影响和控制公司。股东有权对企业进行质询，参与企业决策的投票，具有选举权和被选举权，具有获得收益的权利，可以提出强制解散公司的要求，同时股东还有权利提起诉讼，向董事会和高级管理者进行直接索赔，股东还有权利提出召开临时股东大会的权利。股东可以通过许多手段确保他们的利益不被侵害，其中最重要的方法是"用手投票"和"用脚投票"，这种方式能够对高级管理者实现直接制约。在资本市场上，股票交易是自由的，股东对公司经营状况不满或不信任高级管理者，就可以出售自己手中的股票，当公司股东大量出售股票，公司的股价也会随之大幅下跌，导致企业面临信任危机，使企业难以获得再融资，即使获得再融资也要付出更多的成本。技术创新是提升公司核心竞争力的重要手段。在资本市场的约束下，能够确保业务经理保持开展企业创新的动力。

4. 激励企业开展创新活动

首先，资本市场为人力资本定价提供了场地。人力资本的积累和增长对经济增长和社会发展的贡献远远超过物质资本和劳动力的增加，科技创新的前提是引起并不断激发人力资本的创造力。有活力的人力资本具有创新性和创造性，能够有效分配资源并调整市场对发展战略的适应能力。发达的资本市场提供了一个直观、简单的人力资本市场定价计算方法：人力资本价位总额=其所拥有的总股本的市场价格总额。激励措施是激励人类行为的人力资源和心理过程的重要组成部分。资本市场在促进企业科技创新方面的作用是吸引优秀人才加入企业，发挥员工的潜能，促进人才智慧的充分发挥，留住人才，为优秀人才培养竞争环境。激励研究人员努力工作，激发员工的动力，调动他们的热情和创造力，完成组织任务，并实现组织目标。

其次，人才是技术创新的关键所在。资本市场可以刺激人力资源激励约束机制的健康发展。每家公司都需要三个方面的绩效：直接成果、价值实现和未来人力发展。在三项贡献中，对"未来人力发展"的贡献来自激励工作。激励措施可以激励有机体追求一定的目标。激励的实质是将需求、内部驱动和目标三要素联系起来，使科技创新人才能够满足自身需求。通过内在驱动的作用，通过经历整个创新过程，促进创新人才对创新目标的实现。有效的激励措施将激发科技创新人才的激情，激励他们更努力地工作，让他们产生超越自己和他人的欲望，释放潜在的巨大内部动力，激发他们对公司长期目标的热情。要建立激励机制，必须把握激励时机、激励频率、激励程度和激励方向；把科技人员的利益与企业的长远发展联系起来，把企业的收益与科技人员的收入挂钩，如给予员工股票认购证书、股票期权等。股权激励机制的作用必须在有效的资本市场环境下才能充分发挥。

（二）控制权市场对企业创新的作用分析

公司控制权的转移可能会对公司的技术创新产生影响，主要是通过改变公司的经营策略或资源配置来影响公司的技术创新能力。这是公司控制市场调节资源配置的经济功能，直接影响公司的技术创新水平。公司控制市场对技术创新的直接影响主要体现在以下几点。

1. 控制权市场带来的协同效应

公司的控制权变化会对技术创新产生一定的协同效应。一方面，当公司控制权发生变化后，来自外部的企业能够为公司带来一定的信息和技术，从而与企业内部积累的信息和技术相结合，从而形成互补，提高企业创新能力，推动企业创新活动的开展。另一方面，控制权变化下所形成的新企业，相较于之前，有着更为充足的资金，例如，在市场上一些拥有大量资金的企业正处在行业衰退期，而新兴的公司却由于缺乏资金限制其发展，双方的结合，将会有力地实现对企业创新的推动。

2. 控制权市场带来的现金限制

无论是市场上的并购还是增加研发费用，都需要公司付出现金成本。可以想象，在公司控制市场非常活跃的环境下，管理层将集中于兼并重组，并为此投入大量资金和人力资源。公司的资源是有限的，特别是流动性最高的现金更为珍贵，对公司控制市场的投入将降低公司技术创新的支出，这将使公司的技术创新陷入困境。

另外，如果公司进入公司控制市场，可能需要借入大量资金来满足自己的需求，其中最重要的资金来源之一是借款人，而借款人对风险的规避程度远远大于公司的股东。他们更愿意对定期收入稳定的项目进行投资。由于借款人对公司业务的影响力增加，降低了公司对高风险创新项目投资的可能。

3. 控制权市场对企业创新的其他影响

还有其他理论可以解释公司控制市场对技术创新的影响。例如，积极的公司控制市场将会分散管理层的注意力，并将注意力从企业内部活动中转移出去，而降低创新效率。有学者认为，收购可能会导致更加官僚化的内部创新管理体系。内部组织水平的提高使得创新更加难以实现，而潜在的创新可能因强烈的内部阻力和低效的决策而受到损害。例如，科学家和研究人员经常离开公司，仅仅是因为公司在合并后出现问题。此外，随着股权规模的扩大，机构投资者开始积极参与公司治理，并在这一过程中改变了过去公司对于创新的消极被动态度。一方面，机构投资者对公司的忠诚度较低，难以成为公司的稳定股东，这增加了公司被接管的可能性。另一方面，管理机构投资的基金经理的表现是按季度衡量的，他们经常向公司管理层施加压力，以在短期内降低股票的波动性。

二、银行治理对企业创新的作用分析

（一）银行治理对企业创新的支撑作用

通过对企业创新行为的充分了解，可以对银行在企业创新活动中的作用进行明确。需要指出的是，银行作为自负盈亏的经济主体，在为企业创新提供支撑的过程中，有其自身的利益界限。这种利益界限可能不是政府目标的指导，但它应该能够推动和迫使企业在市场经济体制下实施有效的技术创新活动。因此，银行对企业创新的支撑作用可以从以下三个方面进行分析。

1. 融资支撑

无论是国有企业、大型民营企业还是中小企业，在开展技术创新活动中都具有对外部资金供给的需求。因此，银行在为企业创新提供支撑时，一个重要的内容就是为企业提供资金支持。对于企业来说，他们在开展创新活动时希望获得长期的大量资金贷款，而这一资金需求，对于银行来说加大了其对于资金管控的难度。对于国有企业和大型民营企业来说，其所需要的资金数量较大，但是若其创新成功，银行的资金安全就能得到保障，否则，银行的投资将面临损失。而对于中小企业来说，其创新活动所需要的资金相对较少，因此，对于银行来说，为其提供资金支持的风险并不高。

2. 识别方面

借贷资金属于较为稀缺的资源，尤其是在当前的宏观经济环境下，借贷资金的稀缺性体现得更为明显。因此，银行通过建立高质量客户的认证机制，可以防止公司在寻求创新资金时出现"劣币驱逐良币"的现象。对于国有银行来说，其可以不在国家产业政策的指导下，为政府扶持企业提供具有针对性的融资。然而，由于"信息不对称"的存在，难免使银行在识别高质量客户时受到干扰，造成银行出现逆向选择。同时，受我国社会环境关系的影响，不可能完全消除寻租行为的发生。显然，这是影响商业银行在这一支持点所起作用的主要因素。

3. 追踪方面

通过对银行的市场行为进行考察可以发现，银行关注的借贷在于借贷资金的风险，对于企业创新成果的转化，并没有给予过多的关注。但实际上，从银行对资产风险的管控角度来说,其仍然具有追踪创新产品商业化效果的动力。此外,作为社会主义市场经济体制下的金融机构,建立追踪机构也是维护国家和社会利益的需要。银行通过追踪机制的建设,能够为企业创新的实施施加一定的压力。

(二)银行治理促进企业创新的作用模式

商业银行的经营模式可定位于以下三个方面。

1. 对企业创新的资金供给

为从事技术创新的企业提供资金支持是商业银行业务的内容之一,这一业务的开展,也是银行获取经济效益的重要途径。因此,对于资金配置,银行应对其经营模式的定位做出调整。

①提高对实体经济的服务意识。从商业银行的主要贷款方向来看,他们高度集中在商业信贷上,如商品房购买和汽车购买。将贷款集中在这些方面,不利于促进国家内需的扩大,还会造成一定的经济泡沫,因此银行应先将融资重点放到对实体经济的支持和服务上。

②增强资本增值的经济价值。按照马克思的劳动价值论,生产领域产生了新的价值,是提高整个社会财富的基础。因此,资金转移到实体经济后,仍需要监督资金的使用情况。加强对资金的监督既是对自己负责,也是对社会负责。

2. 对企业创新的客户识别

依据流程,银行在提供贷款前,需要事先审查客户的相关信息,并决定是否批准贷款。实践表明,这种基于形式化要求的客户识别机制并不能避免逆向选择的发生。因此,在客户识别方面,不仅要进行信息审核,还应进行现实考察。在资料审查中,有必要对担保公司提供的客户信息进行严格审查,详细了解客户资金的用途和产品类型,并依靠专业团队评估产品的前景。对于现实考察,则应对客户的经营场所进行实地调查,并确定公司是否具有创新的基本组织资源。

3. 对企业创新的市场考察

企业技术创新是一个渐进的、不断发展的过程。因此,通过引入市场考察机制,将有助于商业银行获得客户以往创新的转换效率,并评估产品创新的程度。目前很多企业打着技术创新的名义,利用商业银行的政策分红。通过建立考察机制,能够通过过程控制的方式规避这类现象的发生。同时,也能够促使企业真正开展创新活动。

(三)银行治理促进企业创新的模式构建

银行促进企业创新的经营管理模式构建可以通过以下环节进行。

1. 融资环节上的经营模式

目前,我国的银行中存在一定的资金紧张问题,而政府的政策使得资金问题所产生的负面效益有所扩大。有专家指出,当前市场的资金仍然较为充足,造成资金紧张主要是由于银行在资金配置上出现了一定的问题。因此,要解决这一问题,就需要银行的管理者对贷款进行方向性调整,增加支持实体经济发展的贷款资金。随着利率市场化的不断发展,在巨大的风险压力下,银行将逐渐实现带宽方向的转变。

2. 识别环节上的经营模式

目前我国的金融市场环境仍然需要进一步规范,因此,在这一现状下,有必要避免银行因自身原因而导致的逆向选择。造成逆向选择的银行自身原因主要有以下几方面:银行职员与担保公司合谋;银行职员实际调查不充分,仅仅依靠书面资料批准贷款等。在这方面,应该引入流程银行的流程管理模型,以便建立小组模式的项目制,将风险细化到具体银行职员,而增加个人与身份识别之间的利益关系,促进银行职员真正到客户的经营场所开展实际调查。

3. 追踪环节上的经营模式

对于银行职员来说,以其个人能力难以对客户产品的创新程度做出准确的评估。因此,在评估客户产品的创新程度时,可以引入第三方组织,负责对客户产品创新程度的评估。引入的第三方机构及科技可以是技术咨询机构也可以是国家相关技术服务部门。通过第三方机构的协助,能够使银行对客户产品的创新程度做出准确的评估,并结合对客户的审查,决定对客户贷款的批准与否,以及确定贷款的数量和期限等。

第八章　现阶段我国企业创新问题与可行性对策

现阶段，随着我国市场经济的不断发展，我国的企业现代化程度不断提高。但是，我国企业在发展过程中，也面临着一定的企业创新问题。在现代社会中，创新对于企业的意义越来越重要，企业创新问题不仅阻碍着企业的进一步发展，甚至还会威胁到企业的生存和发展。因此，下面将从管理创新和科技创新两个方面入手，对我国企业创新面临的问题进行分析，并为问题的解决提出可行性建议。

第一节　现阶段我国企业创新的主要问题

一、我国企业管理创新面临的问题

我国的改革开放已经进入第四十个年头，在这四十年的改革开放中，我国的市场化环境发生了翻天覆地的变化，我国企业也随着市场环境的变化而不断发展。在改革开放中，我国的企业发展取得了巨大的成就，但是我国企业在发展的同时，也存在着一定的问题，这些问题较为普遍，其主要表现为以下几点。

（一）代理制度不利于企业管理和长远发展

在我国的国有企业或国有控股企业中，主要以行政任命的形式产生公司的领导，管理层不具有公司的所有权。我国的民营企业也选择通过代理经营的方式确定公司的管理层。在代理经营的形势下，企业管理者的利益与企业利益的相关性减弱，这样就导致了企业管理者为了自身的利益而损害企业的利益，造成企业管理效率低下及管理者在决策过程中容易出现为了追逐短期利益而忽视企业的利益，造成企业决策的短视。虽然随着我国企业现代化发展程度的不断提高，企业借鉴了西方的股权激励等措施，实现企业管理者与所有者在利益上的一体化发展，以解决代理经营对企业的消极影响。但是，在借鉴这些措施的同时，也造成了一些新的问题的产生，如股权纠纷、辞职套现等，使企业的进一步发展陷入两难的境地。

(二)企业管理人才素质不高

我国企业在发展过程中,存在着对企业管理人员素养重视程度不高的问题,这一点在经营存在较大波动的企业中更为明显。造成这一问题的原因主要是由于企业在管理人才的培养的认识上存在矛盾心理。有的企业领导者认为,公司对管理人才进行培养虽然会带来管理人员能力的提高,但是一方面培训需要企业支付较大的成本,另一方面,管理人员随着能力的提高,存在跳槽的可能。一旦企业培养的管理人才跳槽,就会导致企业培训成本的浪费,若其跳槽进入竞争企业的公司,还会导致竞争对手实力的提高,增大企业的竞争压力。因此,在这样的顾虑下,导致有的企业忽视对管理人员能力的培训。另外,从企业管理人员的角度来说,若其通过个人努力,提高了自身的素养和能力,其必然会向企业要求更高的报酬,如果企业不能满足其提高报酬的需求,那么其也会选择跳槽到报酬更高的企业。即使其不选择跳槽,在企业管理过程中也会以消极的态度开展相关工作。公司管理者与企业之间的这些矛盾,在现代企业中也是一个较为普遍的问题。这一问题的存在,会导致管理人员的管理能力和素养难以得到提高,造成企业管理人才的缺乏,阻碍着企业管理水平和管理效率的提高。

(三)企业组织机构设置冗杂

在我国,许多企业存在着机构设置较为冗杂的情况,主要表现为纵向上的层级过多与横向上的机构职能交叉。企业组织机构设置的冗杂会导致企业各个职能机构工作效率的降低,在开展工作时,由于职能的交叉会导致各个机构之间关于职能的互相推诿,导致企业执行力降低。此外,在冗杂的机构设置下,许多有能力的人才难以获得与其能力相匹配的职位,导致其不能充分发挥其能力价值,尤其是限制了一线员工创造力的发挥,导致企业运营的长期固化,不利于企业的创新发展。

(四)企业创新及创新成果转化能力不足

在我国,许多企业通常采取购买的方式以获取先进技术,而不重视企业自身的技术研发,这也导致了企业开展技术研发的动力不足,限制了企业创新能力的发展与提高。在一个企业中,创新不是依靠管理者的决策就能够实现的,一线员工尤其是一线技术人员才是企业创新最具活力的因素。他们在直接参与生产工作的过程中,对产品、技术等方面有着深刻的了解,他们提出的意见和建议对于企业的技术创新具有重要的作用。但是,在固化了的企业管理结构下,员工向企业提出建议的积极性受到了严重的打击,因此,导致了企业难以进行有效的技术创新。虽然,有的企业与高校建立了联系,通过开展产学研合作推动企业的技术创新。但是,由于创新技术的现实应用具有较大的不确定性,导致创新技术转化为现实生产力的难度增加,使企业面临着技术创新失败的风险。因此,有的企业管理层为了规避较高的风险,选择放弃新技术的现实生产力转化,不利于企业创新渠道的拓宽。

(五)缺乏企业管理的战略规划

企业是以盈利为目的的组织,因此,我国许多企业在经营和发展的过程中都将获取利润作为最主要的目标。由于短期利益较为明显,且能够很快获取收益,这就造成了企业的管理层在制定决策时,往往被短期利益所吸引,从而忽视了对企业发展的长期规划。长期规划对于企业来说具有重要的意义,一个企业如果只重视短期利益而忽视长期规划就会导致企业生命力的不足。企业要想获得长期的发展,一方面要充分了解市场和消费者的需求,另一方面则要不断提高自身的经营和管理水平,提高企业在市场中的竞争力。随着我国改革开放的程度不断提高,越来越多的国外企业进入中国市场,为了保证自身的发展,我国企业逐渐提高了对长期战略规划的重视程度。但是,企业在制定长期战略规划时,也存在着一定的问题。有的企业并不是以市场为根据,根据市场的变化制定长期战略,而是站在企业自身特点的视角下,以企业对于利润和市场的需求为出发点,进行企业长期战略的规划。由于在行业竞争中,每一位竞争者都将占有最大的市场份额作为自己企业的目标,在企业创新能力不足的情况下,行业内的竞争会以同质化竞争为主。在同质化竞争下,企业只能通过压缩成本、摊薄利润的方式进行竞争,从而造成企业竞争力的下降。

(六)企业管理理念陈旧

在进行改革开放之前,我国实行计划经济体制,市场难以在供求关系上发挥作用。在这样的环境下,企业的产品生产不需要考虑市场和消费者的因素,只要按部就班地进行产品的生产和销售,就能够获得利润。但是,随着改革开放政策的实施,我国的市场环境已经发生了巨大的变化,消费者掌握着供需关系的主动权。虽然经历了40年的发展变化,但是在计划经济时期形成的单一重视生产环节的旧的企业管理思维仍然有所残留,有的企业仍然采取落后的管理方式,阻碍着企业的创新发展。

(七)企业文化建设不高

文化是企业竞争中的一种独特的竞争力,优质的企业文化对于企业的管理也具有独特的作用。虽然我国企业的现代化发展程度不断提高，但是大多数企业对企业文化还没有足够的重视，企业文化建设的进程较为缓慢。大多数企业还没有建立起完整的企业文化，有的企业即使建立起了一定的企业文化，但是却存在着特点和代表性不足的缺陷，这样的企业文化难以发挥提高企业凝聚力和持续发展能力的作用。我国企业文化建设发展程度不高的原因是多方面的，其中最重要的一点就是企业的领导者缺乏企业家精神。企业的领导者是引领公司发展的重要角色，对于企业文化的建设发挥着重要的作用。对于企业领导者来说，只有具备创新、坚决、拼搏、执着、诚信等优秀的价值观念，才能够形成真正的企业家精神，从而引领企业文化体系的建设。如果企业领导者缺乏企业家精神，就会导致企业核心文化的缺失，不利于企业建设完整的企业文化，导致缺乏创新精神，阻碍着企业管理的创新发展，使企业陷入因循守旧的境地。

二、我国企业科技创新面临的主要问题

（一）企业在科技创新中的主体地位不明确

实现企业潜在生产力向先进生产力的转化，对于我国的国家发展和社会进步具有重要的意义。随着社会的发展，企业应成为科技创新的主体。但是，迄今为止，我国企业仍未确立在科技创新中的主体地位。我国企业尚未成为企业创新的主体，其中一方面的原因是政府管理对企业的限制。由于我国在改革开放之前长期处于计划经济体制下，因此，政府在现代管理的过程中，还受到一定旧的计划经济思维的影响，导致政府对于企业的限制过多，一些应由企业自主决定的事项都受到了政府的管理。这就导致了企业经营的自主权和灵活性的不足，政府的过度管理还会导致企业对政府的依赖，从而导致企业缺乏开展自主创新的积极性。

从科研投资的角度来看，政府和其他公共部门的投资仍占较大的比例，这也说明，目前在我国，政府和研究开发机构仍然是技术创新的主体，企业在科技创新中发挥的作用不大，在科技创新中处于次要地位。这种现状导致企业的创新活动处于被动状态。再加上由于目前大部分企业还没有正式建立起现代企业制度，公司治理结构还有待进一步规范，企业的经营管理中还存在着产权不明晰等问题，这也导致企业的经营者和技术人员对于企业创新的积极性不高，缺乏进行企业创新的动力。此外，我国重要的科研机构一般是由政府管理的，因此导致科研机构与企业脱节，企业的科技需求由政府反馈给科研机构，使企业形成了等待科技供应的惰性，不利于企业自主创新、满

足自身的科技需求、丰富自身的技术储备。

（二）企业自身科技创新水平不高

尽管大多数国家的科学技术发展都是从引进国外先进技术开始的，因为，只有通过引进国外先进技术，并实现对先进技术的消化和吸收，才能够使自身的创新能力得到提高。但是，在我国科技发展的过程中，虽然企业大量引进了国外的先进技术，却存在着只重视技术引进而忽视对技术进行消化和吸收的问题，甚至某些行业在大规模引进国外技术的同时，也陷入了技术的"引进陷阱"，即引进—再落后—再引进的恶性循环。造成这种局面的主要原因就是企业在引进先进技术过程中，忽视了对技术的消化和吸收，导致企业虽然引进了先进技术，却没有提升自身的科技创新能力。由于我国企业整体的技术创新水平不高，只能通过技术引进提高自身的竞争力，但是由于忽视了对引进技术的消化和吸收，导致企业的技术创新能力提升缓慢，只能不断引进技术，才能保证企业不被淘汰。

（三）企业缺乏科技创新的资金和人才支持

在知识经济时代，科技创新发展变化的速度变得越来越快，如果企业不重视技术创新，就会失去在市场竞争中的主动权和先机。但是，我国大多数企业的管理者还没有正确认识到技术创新对于企业发展的巨大的推动作用，没有将技术创新作为企业发展的头等大事。在有的企业管理者的传统思维中，销售部门的建设要比技术研发部门的建设更加重要，因此他们不愿意为技术研发和创新提供相应的资源和资金支持。在传统思维的影响下，企业管理者仍然采用传统的管理方式对企业进行管理，在这样的环境下，难以建立起创新人才的激励机制，难以形成尊重知识、尊重人才、尊重创造的文化氛围。对于企业来说，对技术创新的忽视，就是对企业长远利益的忽视。实践证明，那些成功的企业无一不是依靠技术创新在市场竞争中胜出的，而在市场竞争中被淘汰的往往是那些缺乏技术创新能力的企业。

企业的技术创新需要一定的资金支持。企业内部的资金投入是企业技术创新重要的资金来源。但是，由于我国大部分企业的经营管理者对技术创新的重视程度不高，导致企业不愿为技术创新提供相应的资金支持。此外，科技创新提取比例较低，也导致企业技术创新难以获得足够的资金支持。在我国，有相当数量的企业流动资金较为紧张，部分企业甚至处于亏损的状态，因此，我国大部分企业的技术开发经费的提取占销售额的比例极低，从国际上来说，我国企业技术创新的经费还与科技发达国家存在一定的差距。虽然我国对技术创新的重视程度不断提高，技术研发经费也保持较高速的增长，但是，其占GDP的比例仍有待提高，与世界科技发达国家仍有一定差异。从外部来说，通过金融机构获取资金也是企业技术创新资金的一种重要来源。虽然企业技术创新具有高回报的特点，但是企业技术同时其也具有高投入和高风险的特点，与金融机构要求的资金安全产生矛盾。对于金融机构来说，其最看重的是资金的安全，而不是企业较高的收益回报，因此技术创新的高风险性，增加了企业从外部金融机构获取企业技术创新资金的难度。

人才是企业竞争的关键因素。企业的科技人才是其进行企业创新的基础，科技人才的数量和质量直接关系到企业的技术创新能力的高低。目前，我国每年有过万名的博士生毕业，但是博士生毕业后在企业技术部门中工作的比例较低。企业技术人员的学历水平不高，在全国中央级企业专业技术人员中，具有硕士以上学历人员只占总数的2.1%，高级技师占员工总数的比重只有0.16%。相较于世界上的其他科技发达国家，我国企业技术人才在数量和质量上还存在一定的差距。而造成这种现状的原因主要是由于我国的科技人才大部分集中在科研机构，因此他们难以参与到企业的技术创新中去。对于企业来说，一方面其科技人才不足，技术创新能力不足，难以满足企业发展的技术需求，另一方面，企业还面临着青年人才流失的现状，更加剧了企业技术创新活动的开展和技术创新能力的提高。

（四）保障企业科技创新的法律制度有待完善

随着改革开放及经济全球化的深入发展，我国不断适应世界经济发展趋势，增强对企业技术创新能力的重视，对宪法、科技法进行修订，在其中增加了有关科技创新的内容，通过法律的形式，促进我国企业不断提高技术创新能力。此外，还对我国的科技研发、科技创新激励、科技成果保护、技术市场规则、国际科技交流与合作进行了制度化的完善。为了促进我国与其他国家的科技合作，促进我国企业技术创新能力的提高，我国还积极加入有关科技合作的国际条约，积极与其他国家签署促进企业技术创新合作发展的相关协定。

中国在为科技创新提供良好的法律保护方面取得了令人瞩目的成就。虽然我国科技创新相关法律制度建设起步较晚，在20世纪80年代才开始建立知识产权保护制度，但是我国科技创新相关法律制度建设的发展速度较快。我国于1980年正式成为世界知识产权组织成员，自此，我国知识产权保护体系建设实现了飞速发展，我国政府先后制定和实施了《商标法》《专利法》《技术合同法》《著作权法》，这一系列法律的制定和实施标志着我国现代知识产权法律制度体系的建立,表明了我国对于完善知识产权相关法律、保护知识产权相关主体合法权益的积极态度。

虽然我国在知识产权法律制度的建设上取得了极大的发展,但是我国知识产权法律体系的建设还存在一定的问题,其主要表现在知识产权立法的科学性和系统性上。知识产权处在不断变化的社会环境中,社会关系的调整也不断发生变化,因此,不可避免地会出现法律规范与社会关系调整的客观需要的不同步,从而导致两者之间产生摩擦。此外,操作性不强也是我国知识产权法律制度建设中所存在的问题。这主要是由于在体制和观念上还受到旧的观念意识的影响,在相关法律制度的具体实施上较为保守和机械,从而在市场经济的快速发展变化中由于创新不够,造成法律规范的制定与社会的客观实际存在一定的差距,大大地制约了执法力度和效果。例如,我国在20世纪末实施的增加R&D投入的制度,由于在操作性上存在一定的问题,导致其尽管实施了多年,但是并没有发挥应有的效果,我国企业R&D投入经费占企业销售额的比例虽然有所上升,但是幅度较小。

(五)企业科技创新的中介机构建设不完善

中介机构,如不同层次、不同领域的咨询服务,是科研机构与企业进行技术沟通和联系的重要途径。对于中介机构来说,其最基本的功能就是进行技术与创新信息的吸收与传播,实现技术的需求方(即企业)与技术的供应方(即科研企业)之间的联系。中介机构对于科技与创新信息的传播是知识流通和传播中的一个重要环节,对于提高技术与创新信息的传播效率具有重要的作用。因此,中介机构在企业技术创新的市场建设中扮演着重要的角色。但是,目前我国企业创新的中介机构建设不完善,还没有形成对企业科技创新的强有力的支撑服务体系,难以满足企业技术创新活动发展的需要。中介机构发展不足,导致了企业与科研机构、政府、高等院校之间难以形成便利、有效的联系,降低了技术与创新信息的流通效率,造成政府支持下的科研机构和高等院校所进行的创新研究与我国企业发展的实际技术需求之间产生一定的出入,不利于企业科技创新的高效发展。

(六)针对企业科技创新的风险投资发展不完善

我国的风险投资已经经历了30余年的发展,但是其仍处于发展的初级阶段。从我国风险投资发展的现状来说,风险投资还没有成为企业技术创新可靠的融资渠道,企业不仅在技术创新的项目立项上受到限制,企业高科技项目的商业化和产业化转化也受到资金支持不足的制约。由于缺少充足的资金支持，我国企业科技成果的转化成功率不到20%，远低于国际水平。从高科技产业化各阶段投入来看，风险投资的成功率较低，仅有20%，其完全失败率达到20%～30%。在风险投资公司发展的初始阶段，由于相关经验不足，其在投资过程中面临较高的风险，再加上其筹集风险资本的能力不足，导致风险投资公司难以为企业技术创新进行投资。除了自身发展程度的限制之外，缺少风险投资的相关优惠政策，也是限制风险投资发展的重要原因。因此，面对这样的实际情况，需要政府发挥相应的作用，制定风险投资的相关优惠政策，如为对企业进行技术创新投资的风险投资提供税收优惠等，引导社会投资者参与到企业技术创新的风险投资中来。

第二节 公司治理机制下促进企业创新的可行性建议

一、改善内部治理结构促进企业创新的可行性建议

（一）建立多元化的内部股权结构

通过对公司内部治理结构对企业创新作用的理论研究可以发现，股权集中程度与企业创新之间存在"倒U形"关系，因此，要想促进企业创新，应通过公司内部治理结构实现股权在一定程度上的集中，但是股权的集中程度需要保持在适度的范围，若公司的股权集中度过高，会造成大股东权利的过分集中，从而限制高级管理者对企业的管理，导致对企业创新活动的抑制。

通过相关模型的实证研究可以发现，目前在我国企业的内部治理结构中，股权已经达到了一定程度的集中。这是由于我国企业大多是通过国企改组发展而来，因此在这些上市公司的股权结构中，国家占有较大的比重，使得我国企业在股权结构上形成了较大程度的股权集中。此外，由于国家在企业中持股比重较大，又导致了股东虚置现象的存在。国家在企业中股权集中度较高及其带来的股东虚置现象，导致企业在创新收益权与资源支配权划分上的困难。在这种情况下，若继续增加企业的股权集中度，将会加大国家股东权利行使的虚化，而小股东与高级管理者则由于股权集中于国家而难以发挥其自身的职能，最终阻碍企业创新。

因此，为促进企业创新，我国企业应通过内部治理实现股权结构的改变，改变目前单一集中控股的现象。要实现内部股权结构的改变，第一个方面应降低国家在企业中的股份比重，并增加法人、个人的股份比重，从而实现国家、法人、个人控股的相互制衡，促进资本市场的股份流通，实现这三者在公司

治理上的结合，提高对高级管理者的监督效率，保证高级管理者以实现公司利益最大化为目标，促进高级管理者积极开展企业创新。第二个方面，需要加强对高级管理者的股权激励。在股权激励机制下，高级管理者的个人利益与企业的长远发展利益相符合，使得高级管理者能够在企业创新中获利，从而调动起高级管理者开展企业创新的积极性。此外，对高级管理者的股权激励也有利于公司股权结构的改善，实现股东、董事会、高级管理者之间的制衡，在一定程度上削弱国家在公司股权结构中的地位，改变过去企业中存在的以行政手段进行直接任命的形式，有利于企业市场秩序的建立。

（二）改善董事会制度

通过对董事会的相关理论和实践研究可以发现，在一定程度上扩大董事会的规模，对于企业创新具有积极意义。董事会规模的扩大带来了企业信息的获取来源的增加，有助于企业对未来做出更加准确的预测，从而使企业根据对未来发展的预测做出更为科学、完善的企业创新决策。

另外，在扩大董事会规模的同时，还应该积极促进董事会制度的优化。可以在董事会制度中引入独立董事，增加独立董事在董事会中所占的比例。引入独立董事制度，有利于促进企业董事会决策的客观和准确，同时具有专业技术背景的独立董事有利于促进企业创新活动的进行。虽然独立董事制度对于优化企业董事会制度、促进企业创新具有积极的意义，但是由于我国企业独立董事制度的不健全，导致独立董事制度难以发挥其应有的作用。我国企业的独立董事制度是在借鉴国外先进经验的基础上引入实施的，其一方面是为了促进我国企业在海外交易所市场的上市，另一方面是我国为了对董事权利进行监督和制衡。因此，我国许多企业的独立董事制度是在国家的强制要求下建立起来的，在这种情况下，企业的独立董事制度往往只是名义上的，难以在实际中发挥其应有的作用，甚至在有的企业中还出现了内部董事控制独立董事的现象，使得独立董事成为内部董事利益的服务者。因此要实现我国企业董事会制度的完善，必须建立和完善独立董事制度，保障独立董事制度作用的真正发挥，促进企业创新。

综合来说，要发挥董事会制度对于企业创新的促进作用，需要从以下几方面对董事会制度进行优化。

一是实现董事会职能的强化。董事会在企业中的职能主要为决策和监督职能，在目前我国的公司治理中，往往只重视董事会监督职能的发挥，由董事会负责对公司运转、财务状况、高级管理者的职责履行进行监督。而公司的决策职能则主要由高级管理者执行。高级管理者在行使决策职能时，往往更加重视对个人利益的实现,而董事会作为公司股东利益的代表者,在行使决策职能时,出于对公司股东利益的考量,往往更加重视企业的长远发展,对于企业创新决策的制定和实施也更为积极。因此,加强董事会职能尤其是决策职能的发挥,有利于企业制定出符合长远发展的战略规划,对于促进企业创新具有积极的意义。

二是保证董事会规模的合理。在一定程度上对董事会规模进行扩大有利于促进企业的信息获取,加强对高级管理者的监督。但是董事会规模过大又会造成公司机构臃肿,因此在构建董事会时,应根据行业和公司的特点,制定合适的董事会规模,使董事会既能够在最大程度上代表公司的利益,又能够保证公司决策的高效。根据对董事会规模的相关研究发现,董事会规模保持在7~9人较为合适。在建立人数适当的董事会的同时,对董事会的设计还要考虑其人员构成。在董事会的建设过程中,应适当引入外部董事,形成与内部董事的权力制衡,防止内部董事所拥有的权利过大造成的对董事会的控制。

三是要引入独立董事制度。在独立董事制度下,独立董事通过其自身作用的发挥,能够增强企业获取信息的能力,保证董事会决策的科学、客观。作为独立董事的人员必须具有一定的独立性。其具体要求主要表现为以下几方面:一是与公司之间不具有重大关系;二是在董事会中具有一定的地位,能够对董事会的决策起到一定的影响;三是具备相应的知识技能水平;四是与公司建立长期的利益链,使独立董事能够主动关注企业的发展,参与企业的决策。

四是建立创新委员会。由于董事会需要负责公司的日常事务,难免会对企业的创新活动造成一定的疏忽。由于创新对于企业的长期发展具有重要的意义,因此,为了促进企业创新活动的开展,董事会可以建立创新委员会,由其专门负责企业创新的相关事务,从而保证董事会对企业创新促进作用的发挥。

(三)改善对高级管理者的企业创新激励制度

完善对高级管理者的激励机制建设,就是通过薪酬激励和股权激励实现高级管理者与企业在利益上的统一,使高级管理者能够从企业的长期发展中获益。尤其是通过股权激励方式,使得高级经营者收入的大部分与企业的创新绩效挂钩,从而促使高级管理者关注企业的长远发展,主动为促进企业的长远发展而开展企业创新活动,促进企业绩效的提高,保障股东利益最大化的实现。同时也避免了高级管理者的"敲竹杠"现象,节约了股东对高级管理者的监督成本。

在知识经济时代，创新已经成为企业在市场竞争中取胜的关键因素。目前，我国企业的创新能力与发达国家还存在着一定的差距。因此，对于我国企业来说，要想在日趋激烈的市场竞争中立足，就必须加大对企业创新的投入，不断提高我国企业的创新能力。对于企业创新来说，人力资本可以说是最核心的资源。因此，对于我国企业来说，要使人力资源得到充分发挥，就必须不断完善对高级管理者的激励机制的建设。改变过去以短期绩效为主，只关注流动性较大的现金收益和个人名誉的考核标准，将通过创新带来的滞后性收益纳入对高级管理者的考核中。对高级管理者激励机制的完善可以从以下几方面入手。

一是将高级管理者的部分收入转化为股权并由其个人持有。这样一来，公司发展的好坏直接影响着高级管理者的经济收益，实现了高级管理者利益与公司长远利益的统一，从而削弱了高级管理者为了满足个人利益而损害公司长远利益的动机，使高级管理者为了实现个人利益而重视企业的长期发展，加大对企业创新的投入。为了对高级管理者在股权激励机制下利用股票套现的行为进行限制，我国目前规定上市公司的高级管理者在任期内无法实现其所持股票的流通。二是在高级管理者的任命上由过去的控股股东直接任命转变为公开选聘。这样一来，能够实现人才间的公平竞争，聘用真正有能力负责企业经营发展的高级管理者。三是为高级管理者提供开阔的创新空间，并赋予其一定的企业创新权利，从而激发高级管理者开展企业创新的积极性，使高级管理者的才能能够在企业创新中得到充分的发挥。

二、改善外部治理结构促进企业创新的可行性建议

（一）改善外部治理结构

仅仅依靠内部治理结构，很难对企业创新能力的提升产生快速和明显的效果。但是，内部治理能够对企业外部治理结构起到一定的作用，并通过对外部治理结构的影响，间接地促进企业创新能力的提高。在我国企业中，由于过高的股权集中度和单一的国有股权与政府具有天然的联系，我国企业形成了传统的外部治理结构。因此，要实现外部治理结构的转变，首先应对这一传统外部治理结构形成的制度根源进行改变。解决这一问题可以从三个方面入手。第一方面，以股份分置的方式进行股份改革，并引入外部战略投资者，从而弱化企业与政府之间的关系；第二方面，实现公司董事会结构的改革，并引入适量的独立董事，使决策部门能更合理地分析创新的成本收益，保证

公司的长期发展；第三方面，聘请熟悉现代市场运行、具有供应链整体价值观的管理者。只有这样才能够逐步实现企业外部治理结构观念的转变，为企业建立新型外部治理结构提供可能。

（二）实现政府职能的转变

在外部治理结构建立的过程中，良好的外部治理环境是外部治理结构建设的基础。由于目前存在着政府掌握大量资源和项目的情况，导致企业要想在市场竞争中取得优势，就必须与政府建立良好的关系，这就导致企业创新在市场竞争中重要性的降低。在这种情况下，企业为了获取市场竞争优势往往将重点放在与政府的关系处理上，从而忽视企业创新的重要性。因此在外部治理结构建立的过程中，必须对企业的外部治理环境进行改善，其中最重要的内容就是实现政府职能的转变。政府需要从微观经济运行中脱离出来，将其所掌握的资源和项目回到市场中，以便企业可以将注意力从政府转移到市场。只有这样企业才能够认识到创新对于企业生存和发展的重要性，使企业在外部市场环境的变化下，逐步建立"供应商—企业—客户"的新兴供应链。

（三）完善政府对企业的采购活动

在我国企业的发展过程中，政府的采购在一定程度上对企业外部治理结构的建设与完善起着阻碍作用。虽然政府采购能够对企业起到一定的激励作用，但是，政府采购对企业带来的激励主要表现为扭曲激励。由于政府采购的存在，导致企业不重视自身创新能力的培养及创新活动的开展。政府对企业的采购可能存在不重视产品创新、不重视性价比，在公开、公平、公正、透明上存在一定的问题。政府采购的这些问题容易造成对企业外部治理结构的破坏，使其分裂为政府和客户两个终端，对企业创新造成消极影响。因此，要建立和完善企业外部治理结构，必须对政府采购流程进行完善，将采购中的政府与企业的关系转变为客户与企业的关系，实现"供应商—企业—客户"的外部治理结构的建设，保障和促进企业创新能力的提升。

（四）将供应商和客户引入外部治理结构

要实现"供应商—企业—客户"的外部治理结构的构建，除了要从观念、环境、结构等方面对外部治理流程进行改变之外，还需要发挥供应商和客户在企业经营中的作用，增强供应商和客户对企业经营的影响力，只有这样才能够最终实现外部治理结构的建立。在建立外部治理结构的过程中，应重视市场的作用，通过市场竞争和淘汰机制，强化企业对于供应商与客户关系的重要性的认识，促进企业将经营重点转移到供应链的建立和企业创新上来。

在市场环境下，政府不仅要实现权力的下放和职能的转变，同时在此基础上，还应不断从制度上对市场环境进行完善，为企业供应链的建设提供信息和硬件等方面的服务。政府在市场环境下做出的改变和作用的发挥，有利于避免资源的浪费，保障企业的经营发展。

参考文献

[1] 陈文浩. 公司治理 [M]. 上海：上海财经大学出版社，2011.

[2] 上海国家会计学院. 公司治理 [M]. 北京：经济科学出版社，2011.

[3] 天亮. 公司治理概论 [M]. 北京：中国金融出版社，2011.

[4] 朱长春. 公司治理指引 [M]. 北京：机械工业出版社，2011.

[5] 赵玲. 公司治理：理论与制度 [M]. 北京：法律出版社，2009.

[6] 高闯. 公司治理：原理与前沿问题 [M]. 北京：经济管理出版社，2009.

[7] 李维安，武立东. 公司治理教程 [M]. 上海：上海人民出版社，2002.

[8] 中国注册会计师协会. 公司战略与经营风险 [M]. 北京：经济科学出版社，2013.

[9] 董静. 创新制胜——21世纪的企业创新管理 [M]. 上海：上海财经大学出版社，2007.

[10] 张国元. 企业创新理论研究 [M]. 兰州：兰州大学出版社，2007.

[11] 李仁武，高菊. 现代企业创新文化 [M]. 广州：中山大学出版社，2007.

[12] 夏云风. 商业模式创新与战略转型 [M]. 北京：新华出版社，2011.

[13] 李垣，方润生，杨建君，等. 企业治理结构与企业创新行为选择 [M]. 郑州：河南人民出版社，2004.

[14] 马永斌. 公司治理与股权激励 [M]. 北京：清华大学出版社，2010.

[15] 雷家骕，洪军. 技术创新管理 [M]. 北京：机械工业出版社，2012.

[16] 董景荣. 技术创新扩散的理论、方法与实践 [M]. 北京：科学出版社，2009.

[17] 许庆瑞. 全面创新管理——理论与实践 [M]. 北京：科学出版社，2007.

[18] 侯先荣，彭新育. 创新管理探骊 [M]. 广州：华南理工大学出版社，2007.

[19] 刘连煜.公司法原理[M].北京：中国政法大学出版社，2002.

[20] 文宗瑜.现代公司治理：董事会与 CEO 的较量及制衡[M].北京：经济科学出版社，2005.

[21] 杨勇，达庆利，周勤.公司治理对企业技术创新投资影响的实证研究[J].科学学与科学技术管理，2007（11）.

[22] 冯根福，温军.董事会规模对企业 R&D 投资行为的影响研究[J].科学管理研究，2008（3）.

[23] 薛有志，周杰.公司内部治理机制对 R&D 投入的影响：基于总经理持股与董事会结构的实证分析[J].研究与发展管理，2008（3）.

[24] 盛亚，吴蓓.基于利益相关者的企业技术创新产权问题诠释[J].科学学与科学技术管理，2007（9）.

[25] 华锦阳.试论公司治理对企业技术创新的影响[J].自然辩证法通讯，2002（1）.

[26] 李维安.公司治理新阶段：合规、创新与发展[J].南开管理评论，2008（1）.

[27] 赵洪江，陈学华，夏晖.公司自主创新投入与治理结构特征实证研究[J].中国软科学，2008（7）.

[28] 盛亚，单航英.利益相关者与企业技术创新绩效关系：基于高度平衡型利益相关者的实证研究[J].科研管理，2008（6）.

[29] 周杰，薛有志.公司内部治理机制对 R&D 投入的影响——基于总经理持股与董事会结构的实证研究[J].研究与发展管理，2008（3）.

[30] 杨保红.浅析企业人力资源绩效管理中存在的问题与对策分析[J].中国外资，2012（12）.

[31] 宋小保，刘星，陈其安.控股股东代理的激励与侵占效应分析[J].管理工程学报，2009（1）.

[32] 秦扬.公司治理法律关系简论[J].西南石油大学学报（社会科学版），2008（1）.

[33] 陈复会.浅析股票期权激励机制在公司治理中的作用[J].市场周刊（理论研究），2009（3）.

[34] 张晓峰.对"新企业旧治理"现象的反思与推进[J].中州学刊，2011（6）.

[35] 严复海，赵红花.董事会职能变迁轨迹及职能重塑[J].企业活力，2012（2）.

[36] 徐卫东. 浅谈建立和完善公司治理结构 [J]. 西北煤炭, 2004（3）.

[37] 宋桂娥. 公司治理与激励约束机制的建立 [J]. 池州师专学报, 2003（2）.

[38] 乜堪雄, 罗利. 我国交通运输类企业公司治理研究 [J]. 交通企业管理, 2006（8）.

[39] 许焱. 资产注入对上市公司业绩和股价的影响分析 [J]. 新会计, 2010（5）.

[40] 秦玥. 企业人力资本投资决策和风险防范 [J]. 东方企业文化, 2011(16).

[41] 刘辉, 牛海燕. 我国商事企业形式选择的法经济学思考 [J]. 法制与社会, 2012（6）.

[42] 李高, 朱剑雄, 刘瑛. 民营科技企业创新要素及互动机制分析 [J]. 技术与市场, 2012（12）.

[43] 张鲁秀, 张玉明. 企业低碳自主创新的金融支持体系研究 [J]. 山东社会科学, 2012（2）.

[44] 白万纲. 基于强势股东的治理: 摩托罗拉的治理风云 [J]. 董事会, 2009（2）.

[45] 陈闯, 孙遇春. 混合所有制下的公司治理模式选择与构建 [J]. 经济论坛, 2006（16）.

[46] 覃斌. 银行融资与监管模式的柔性分析 [J]. 商业经济与管理, 2003（2）.

[47] 柴野. 从实验室到车间: 德国科技创新路径揭秘 [J]. 理论导报, 2012（2）.

[48] 杨莉, 胡春, 王国斌. 论日本创新型国家发展模式 [J]. 日本问题研究, 2009（1）.

[49] 车秀娟. 计算机行业科技型中小企业知识产权状况与对策 [J]. 知识产权法研究, 2011（1）.

[50] 耿军华. 国外发展中小企业的政策举措及启示 [J]. 现代商贸工业, 2011（19）.

[51] 蔡宁, 黄靖. 中小企业集群与技术创新 [J]. 改革与战略, 2011（1）.

[52] 张昌彩. 发展对经济增长有突破性重大带动作用的高新技术产业对策措施研究 [J]. 经济研究参考, 2004（21）.

[53] 唐勇. 以债权人为评价主体的经营业绩分析 [J]. 市场研究, 2015(4).

[54] 赵盈盈. 自主创新对我国出口贸易促进作用研究 [J]. 现代商贸工业, 2010（24）.